「怒り」を生かす

実践アンガーマネジメント

安藤俊介

朝日文庫

本書は二〇一六年三月に小社より刊行された『怒りに負ける人　怒りを生かす人』を改題し、加筆修正したものです。

STORY

あるところに、AさんとBさんという同じ会社に勤める二人のビジネスマンがいました。

Aさんの一日はというと――。

朝、起きて会社に向かう途中、急いでいるらしいビジネスマンに後ろからドンとぶつかられました。しかも「すみません」の一言もなしに去っていきました。「なんだよあれ！」とAさんはムカッとします。

駅に着いたら、なんと事故の影響による「遅延」が起きていました。なかなか電車がこず、イライラします。「ほんとついてないな！」とホームで待ちました。

やっときた電車は超満員です。いつもよりぐったり疲れて会社に着くと、10分の遅刻だったので「遅延証明書」をもって上司に報告します。

すると「もっと早くに家を出てれば遅刻しないんじゃないか。君はいつも行動に余裕がない気がするな」と嫌味を言われてしまいました。

カチンときたAさんは「すみません！」とぶっきらぼうな調子で返しました。

「今日は腹が立つことばかりだ」と思いながら仕事をしていると、取引先から電話が入ります。「納入日程の変更のお願い」でした。

納入日程が変わると、いろいろなところに変更手配をする必要が生じます。

ムカつきましたが、相手は取引先です。腹立たしい思いを抑えて、Aさんは「わかりました」と伝えました。

変更手配をしていると、社内の別の部署の担当者から「え⁉ また、変更ですか？ 困るんですよね」という対応をされました。

「しかたないだろう！ 向こうが言ってきたんだから。こっちだって好きで変更してるんじゃないんだから！」

と怒りをぶつけてしまいました。

Aさんは、イライラしながら仕事をして、やがて帰宅時間を迎えました。

帰りの電車では、上司や取引先の担当者の顔を思い浮かべては、

「あの上司、いっつも嫌味を言いやがって！」

「あの担当者は、ほんと変更が多いよな！　仕事をなんだと思ってるんだよ！」

と怒りがよみがえってきます。

帰宅すると、どうでもいい話で妻が長々と話してきます。

つい「うるさいな！　こっちは疲れているんだよ！」と声を荒らげてしまいました。

一方のBさんです――。

朝、起きて会社に向かう途中、急いでいるらしいビジネスマンに後ろからドンとぶつかられました。しかも「すみません」の一言もなしに去っていきました。

「急いでるのかなぁ」と思うだけで、すぐに思考を切り替え、「今日はどの仕事からとりかかろうか」という考えに没頭していきました。

駅に着いたら、なんと事故の影響による「遅延」が起きていました。「電車がこないものはしょうがない」と思い、せっかくだからと日頃の運動不足解消に別の路線の駅まで歩こうと決め、駅を出ました。歩いてみると、いつもとは違う風景に新鮮な気持ちになります。仕事のアイデアもいつもより浮かんできます。

やがて、別の路線の駅に着いて、そこから電車に乗りました。会社に着くと10分の遅刻だったので「遅延証明書」をもって上司に報告します。するとすると「もっと早くに家を出てれば遅刻しないんじゃないか。君はいつも行動に余裕がない気がするな」と嫌味を言われてしまいました。

一瞬ムッときましたが、とりあえず「すみません。以後、気をつけます」ときっちりと頭を下げて謝りました。

「あの上司は、一言いわないと気がすまないタイプだから、気にするのはよそう。

それに、早めに家を出るというのも一理ある。今度からはそうしよう。たまには、今日みたいに別の道を歩いてもいいかも」

と今日通った新鮮な道のりを思い出して、晴れやかな気分に浸ってから仕事を始めました。すると、取引先から電話が入ります。「納入日程の変更のお願い」でした。

納入日程が変わると、いろいろなところに変更手配をする必要が生じます。一瞬、ムッとしましたが、とはいえ、Bさんの考えは、「仕事に変更はつきもの」です。「わかりました」と明るく伝えました。

ただ、変更すると他に迷惑がかかるのも事実です。

「変更すると、他部署にも迷惑がかかります。そのぶん、コストや手間もよけいにかかるので、次回からは変更がないと助かります」

と丁寧に、ゆっくりと穏やかに伝えました。

変更手配をしていると、社内の別の部署の担当者から「え!? また、変更ですか? もう困るんですよね」という対応をされました。

「ごめんなさい、取引先の急なお願いで。お手数ですがよろしくお願いします！」

とすまなさそうに、誠実にお願いをしました。

Bさんは、その後もイライラすることなく、いつものように仕事を終え、やがて帰宅時間を迎えました。

帰りの電車では、今日の仕事の反省点やよかったことを考えています。

また、家に帰ったらごはんはなんだろうと予想したりします。

帰宅すると、どうでもいい話で妻が長々と話してきます。

つい「今日は長いな」と思いつつ、「いろいろ妻もあるんだろうな」と思ったので、うんうんと話を聞いていました。

さて、
AさんとBさん、
どちらの人生が、
より建設的で、充実していて、
幸せでしょうか。

はじめに

こんにちは。日本アンガーマネジメント協会代表理事の安藤俊介と申します。

「アンガーマネジメント」が耳慣れない方に簡単にご説明すると、**「怒りの感情と上手に付き合う心理トレーニング」のこと**です。

「アンガー」とは日本語でいうと「怒り」になります。

私がこの「アンガーマネジメント」に初めて出合ったのは、今から15年以上前、2003年のことです。当時、私はアメリカ・ニューヨークで働いていました。

そのときの私は、自分自身の「怒りやすさ」に、嫌気がさしていたところでした。

ちょっとしたことでイライラしては「なんで、私を怒らせるようなことばかりが起きるのだろう」と悩んだり、カチンときては怒ってしまって、大切な人間関係がぎくしゃくしたりしていたのです。

まさに、冒頭STORYのAさんのような状態でした。

完全に「怒りに負けている」状態だったのです。

そのため、初めてアンガーマネジメントを学んだときは、深く感動しました。**「怒り」という感情をとても論理的にとらえており、なおかつ、怒りへの対処法が実践しやすかったからです。**「こんな技術があったんだ！」と、まさに目からウロコが落ちる思いでした。

アンガーマネジメントのセミナーに通いはじめると、みるみるうちに**「怒らない」自分へと変わっていくのを実感**します。また、「怒りはこうして表現すればよかったんだ」と気づきました。

セミナーを終え、さらにファシリテーター（指導者）の資格をとるころには、すっかりBさんのように、「怒りに負けない人」になっていたのです。

そう、STORYのAさんもBさんも、私自身の姿なのです。

だからこそ、きっぱり言えます。どちらができる人で、どちらが建設的で充実していて幸せかというと、断然「Bさん」です。

アンガーマネジメントによって、劇的な変化を体感した私は、08年、日本に帰国。以来、日本にアンガーマネジメントを普及すべく地道に活動してきました。おかげさまで、日本でも「アンガーマネジメント」という言葉は一般的になりつつあります。11年には、日本アンガーマネジメント協会も設立。19年時点で、約8000人のインストラクターを抱える団体にまで成長しました。

その間、私は、数多くの講演会・研修・執筆・テレビなどで、アンガーマネジメントについてお話しする機会をいただきました。「怒り」の感情に悩む人をたくさん見てきて、思うことがあります。

まず、何より、**ささいなことでイライラするのは避けたほうがいい**、と。

小さな怒りでも、毎日のことです。積み重なれば、人生に大きな影響を与えます。電車がこない、レジの進みが遅い、部下が言うことをきかない、上司は思いつきでばかり発言をする……そういったことに、いちいち腹を立てていては、まず、自分が疲れます。さらには、**トラブルの発端となったり、人間関係が壊れる原因になるなど、**

自分にもまわりの人にも損な結果を招きます。

じゃあ、「『怒らない』と決めて過ごせばいいんじゃないか」という人がいますが、そう単純な話でもありません。

どんなことにも「怒らない」と決めると、どうなるでしょうか。

「怒りをため込んでしまう」人が多いのです。すると、自分自身に多大なる負荷・ストレスを与えることになります。

結果、体調がすぐれなかったり、うつ病のような心の病になってしまったりします。

さらには、その負荷やストレスが別の害につながることもあります。

冒頭STORYのAさんは、上司から嫌味を言われたことや取引先とのトラブルによる怒りをため込んだあげく、同僚や妻にぶつけてしまっています。

Aさんのように、怒りをただ抑えるだけでは、家族などの身近な人にぶつけたり、あるいは弱い人にあたったりするなど、別のところに向けてしまう人も多いのです。

「怒りを上手に表現できずに、ため込んでしまう」のもまた、「怒りに負ける人」なのです。

また、怒るべきときに適切に怒れないのでは、あなたの人生にとって損失になりえます。

特に、日本人に対しては、そう思います。

数年前に、「やられたら倍返し！」のような言葉が決めゼリフのドラマが圧倒的な人気を得ました。その社会現象ともいえる人気を見ながら、私はこう思いました。

「日本人は、本当は心の奥では怒っているけれど、それを上手に表現できないんじゃないだろうか。だから『倍返しだ！』と言う主人公を見てストレス解消をしているんではないだろうか？」

最近の日本社会を見ていると、「怒ること」「人を許せないこと」が、「怒らないこと」「人を許すこと」に比べて、ネガティブにとらえられがちだな、と感じます。

本来、その両者は、どっちもあっていいのです。

けれども、**日本人は、アメリカ人に比べて「怒るべきときに怒る」のが下手**で、怒りをため込みがちだと感じます。アメリカ人にアンガーマネジメントを教える際は、まずは「怒らないこと」を説きます。「怒りやすい」からです。

それはアメリカ人にかぎりません。同じアジア人でも中国人はアメリカ人に近い性質をもっています。怒りを感じたら主張するタイプです。

というより「怒りを主張するのが下手でため込む日本人」のほうが、世界基準では少数派だと思います。

この先、どんどんグローバル化が進みます。国境を越えて、人がますます行き来する世の中になれば、怒りを主張するのが下手な日本人は、どうなるでしょうか。

怒りをため込んで、怒るべきときに適切に怒れないのでは、相手の主張のなすがままになってしまうことにもつながります。**怒りをただ抑え込むだけでは、本当の意味で解決などしません。**

「正しく怒りを表現する技術」が必要とされるのです。

日本には、「足るを知る」「置かれた場所で咲きなさい」のようなことを美徳とする風潮があります。

もちろん、こうした言葉は、聖職者が道徳的な戒めとして言うぶんには素晴らしいと思います。欲望に限りのない人や、恵まれた人が自分自身を戒めるためには、もっともなことだと思うからです。

けれども、世の中で不当な状況に置かれた人、理不尽な扱いを受けている人、弱い立場の人にまでそれを求めるのは適しているとは思えません。

現状を変え、改善するのには役に立たないからです。

安い給料で朝から晩まで働かされている人、パワハラ上司に悩んでいる人、悪意をもった他人から攻撃されている人などは、置かれた場所で咲かずともいいのです。

むしろ、**きちんと怒りを表現する技術を身につけたほうがいい**といえるでしょう。

「怒り」は、「そのやり方では仕事はできません」「その条件では、うちは損します」「あなたのやり方では、私は振り回されて心身ともに健康を害します」などといった主張でもあります。

あるいは、「私はつらい」「私はしんどい」「私は苦しい」という思いを伝えることでもあります。

これらを適切に表現できることもまた、「怒りを生かす人」に必要不可欠な技術だと思うのです。

こうしたことのできる「怒りを生かす人」が、今、求められているのだと思います。

なぜ「今」というと、理由は3点あります。

まず1点目は、「忙しいから」があげられます。

現在、日本は少子高齢化が進み、下り坂の時代を迎えています。結果、少ない人数でたくさんの仕事をこなす生産性を求められています。そしてそれは、「仕事」のみにかぎりません。男性も女性も、働きながら子育てや介護をするなど、「家庭と仕事の両立」を求められています。

こうした状況による**「忙しさ」は、怒りを生みやすい要因**になります。

2点目は、「科学技術の発達」です。

科学技術の発達は、便利さ、快適さを実現する一方で、「不便さ」「不快さ」への耐久性を低くします。

あなたの周囲には、メールがすぐに返ってこないとムカついたり、電車の遅延や飛行機が飛ばないだけでイライラする人がいませんか。あるいは、コンビニなどでいつでもなんでも手に入るがゆえに、ちょっと何かが手に入らないだけで、文句を言う人がいませんか。

「科学技術の発達」による不便や不快への耐久性の低下は、不満や不愉快につながりがちです。

3点目には、「グローバル化」があげられます。

詳しくは、本文で述べますが、「怒り」が生まれる原因は、「価値観の違い」や「習慣の違い」であることが多いものです。

例えば、海外旅行へ行くと、日本に比べて時間どおりにこない交通機関にイライラした経験はありませんか。あるいは、ホテルや飲食店のルーズな態度にカチンときた経験はありませんか。

価値観や習慣が違う人とのコミュニケーションは、イライラを伴いがちです。

これからますますグローバル化が進む時代を迎えるにあたり、価値観や習慣が違う人とのコミュニケーションが増えることが予想されます。

その差を上手に埋めるためのコミュニケーションの技術を手に入れなければ、やはり怒りの要因の一つになってしまうことでしょう。

本書は、「もう、怒りたくない」「上手に怒れるようになりたい」という個人的な欲求はもちろんのこと、こうした今の日本において、どうしたら「怒りを生かす人になれるのか」という視点も意識して書いてみました。

第1章は、「怒りに負ける人」と「怒りを生かす人」の違いを考えたときに、私が気づいたことです。

第2章は、イライラや小さい怒りを、なるべく「消す」ためにできることを書いた章です。

日々のささいなことに反応して怒るのは、はっきりいってあなたの時間とエネルギーのムダです。なるべくなら、減らしたほうがいい。ささいなことに怒るのは、ささいな花粉の量にも反応する花粉症に似ています。

敏感すぎるアレルギー症状は、人生を疲弊させます。体質改善を図ったほうがいいでしょう。

第3章は、大きな怒りを感じたり、怒りが積もり積もってしまったときに、どう対処できるかです。自分の怒りをどのように見つめ、理解し、どう建設的で健康的な方向にそのエネルギーを使えるかを考える章です。

第4章は、日本人にありがちな「怒りたいのに、怒れない」の悩みに対応した章です。やみくもに怒りを発しろとはいいませんが、主張すべきところは主張しないと、あなたの人生が損です。これから価値観の多様化、グローバル化が進むにあたって、ますます必要な技術になると思います。

最後の第5章は、「怒りを生かす人」であるために、毎日の暮らしのなかで取り入れたい考え方や習慣について言及した章です。本書で書かれた内容を実践していくなかで大切にしたい「心得」みたいなものを書いてみました。

さて、あなたは、「怒りに負ける人」「怒りを生かす人」、どちらでありたいですか?

本書が、「怒りを生かす人」になりたいあなたのお役に立てば幸いです。

「怒り」を生かす　実践アンガーマネジメント●目次

第1章 「怒りに負ける人」「怒りを生かす人」の違いとは？

第2章 日々、イライラする、ささいなことにムッとくる場合

第3章
大きな怒りを感じたり、怒りが積もり積もった場合

第4章 「怒りたいのに、怒れない」と悩んでいる場合

第5章
「怒りを生かす人」であるために大切な8つの習慣

本文デザイン・図版：黒岩二三［Fomalhaut］

「怒り」を生かす　実践アンガーマネジメント

第1章

「怒りに負ける人」「怒りを生かす人」の違いとは?

怒りにふりまわされない人には、ぶれない芯がある

2015年年末、私が代表を務める日本アンガーマネジメント協会では、「アンガーマネジメント大賞」を創設しました。アンケート調査などによって「上手に怒りの感情をコントロール・対応したと思う有名人」を選ばせていただきました。

第1回の大賞に選ばれたのは、プロサッカー選手のカズこと三浦知良《かずよし》氏です。

大賞に選ばれた理由は、次のエピソードが支持されたからでした。

報道番組『サンデーモーニング』に出演した野球評論家の張本勲《いさお》氏が、J2でプレーし、48歳（当時）になるカズさんに対して「もうおやめなさい。若い選手に席を

譲ってやらないと」と発言した際のことです。年齢も年齢ですし、この発言は「引退勧告か!?」といったように報道されました。

これに対し、発言を求められたカズさんは、反発するのかと思いきや、次のような言葉を返したのです。

「自分を人として成長させてくれる言葉だと思うし、言われて頑張ろうと思えた」「もっと活躍しろ、と言われているんだなと思った。（張本氏が）巨人で王さんと組んで活躍したのを覚えている。そんな方から激励されたと思って頑張る」（朝日新聞15年4月20日付）

その大人の切り返しに、多くの称賛の声が集まりました。結局、次の放送回で張本氏は、カズさんを「ふつうはクレームをつける。私の発言をそのように理解するとは、あっぱれ」とばかりに褒めあげました。そのうえ、前言撤回し、「（引退は）本人が決めること。最後まで応援するよ」とまで言わせたのです。

この対応は、私自身もとても勉強になりました。

これは、単に「相手の理不尽な言動（張本氏の批判）に怒らない」というだけではありません。さらには、「怒りをプラスのエネルギーに変える（怒りのエネルギーをサッカーに転化する)」だけでもありません。

「理不尽な批判をした相手をも味方に変えた(張本氏から『応援するよ』と言われた)」のです。

理不尽な発言にしろ、イヤな態度にしろ、それへの対応ひとつで敵を味方に変えることまでできるということを鮮やかなショーのように見せてくれました。

まさに「お見事」の一言、「怒りを生かす人」のお手本のような対応でした。

事実、協会に寄せられたアンケートからは、カズさんを選んだ理由として「張本氏にも恥をかかせなかった」などの声も寄せられていました。

ブッダもこのような言葉を残しています。

「怒る人に怒りを返さない人は、勝ちがたい争いに勝つ」

まさに、この言葉どおりのカズさんの対応でした。

カズさんは、なぜ、このような対応ができたのだろうかと、私なりに考えてみました。

これは、あくまで私の推測ですが、「自分が納得いくまでサッカーをやり続けたいという自分の思いを中心に考えたから」ではないでしょうか。

カズさんがやりたいことは、あくまでサッカーです。張本氏とトラブルになることは本意ではありません。さらには、自分がプロサッカー選手として誇りをもってプレーしているからこそ、同じくプロとしてかつての野球界で大活躍していた張本氏を尊敬する気持ちをもっていたのでしょう。

自分にとって大切なことは、現役サッカー選手としてプレーすること。そんなシンプルでぶれない芯をもって対応したことが、勝因ではないでしょうか。

だからこそ、張本氏の批判をプレーの原動力に変えただけでなく、自分のやりたいサッカーの邪魔をする人（張本氏）すらも、ファンに変えられたと思うのです。

「怒り」に対して「怒り」を返さない。
本当にやりたいことをやるためには
何をすべきか、を中心に考える

「失ったものは元に戻らない」という孫子の教えに学ぶ

前項のカズさんのような対応は、なかなかできるものではありません。

けれども「怒りに負けてしまう人」がやってしまいがちなことを「しない」と決めるだけでも、人生は変わってきます。

「怒りに負けてしまう人」がよくやってしまう一番NGなことは何でしょうか。

それは、**「怒りによる軽率な言動で、決定的に人間関係や物体を壊してしまうこと」**です。

そもそもアンガーマネジメントは、1970年代のアメリカで、犯罪者の更生プログラムの一環として生まれたものです。

犯罪者の供述でよく耳にする決まり文句の一つに「ついカッとなってやってしまいました」という言葉があると思います。アンガーマネジメントは、その「ついカッとなって」で、自分の人生を台無しにすることがないように編み出されたテクニックでもあるのです。

「ついカッとなって」のきっかけとなる出来事は、冷静なときに考えると、人生を台無しにするにはあまりにもささいであることも少なくありません。

「怒り」をうまくなだめることができてさえいたら、失わなくていい信頼や物体、命はたしかにあるのです。

孫子の兵法のなかに「怒り」に関するくだりがあります。

「怒りはもってまた喜ぶべく、憤りはもってまた悦ぶべきも、亡国はもってまた存すべからず、死者はもってまた生くべからず。ゆえに名君はこれを慎み、良将はこれを警《いまし》む。これ国を安んじ、軍を全うするの道なり」

これを簡単に解説すると、次のようになるでしょうか。

「怒りは喜びに変わることもある、憤りは悦びに変わることもある。けれども、滅んだ国はよみがえらないし、死者もまた生き返らない。だから、名君や良将は、怒ったり憤ったりを慎む。これが国が安泰であり、軍が健全であるための道だ」

ここからわかることは、「怒り」という感情は、マネジメントしだいで変えられるけれども、怒りという感情に駆られて行動した結果、失ったものは元には戻らない、そういうことです。

部下や取引先、妻や夫に「怒り」を感じても、その「怒り」はやがて別の感情に変わっていきます。怒っているときでも、大きな朗報が入ったとたん、一瞬にして喜びに包まれるということは、しばしばあります。

「怒り」にかぎらず感情は、放っておけば小さくなっていく傾向があるのです。

ずっと怒っていたり、ずっと悲しんでいたり、ずっと喜んでいたりはできない。

しかし、**「怒り」に駆られて、言ってはいけないことを言ったり、取り返しのつかないことをやったり、何かを破壊したり、そうした行動の結果、壊れた人間関係や仕事、物体は元に戻ることはない**のです。

それは、時代を超えて受け継がれている「真理」なのだな、と感じます。

こんなことをいう私自身、いくつもの苦い思い出があります。

若いころ、つい、仕事でイライラして、「だからお前は使えないんだ」と言って、部下を深く傷つけたことがあります。その部下とはぎくしゃくしてしまい、関係が修復することなく、やがて私は転職することになった経験があります。

また、別の機会では、身内とのことでカッとなってテーブルをどんと叩いた結果、お気に入りのコーヒーカップが落ちて割れてしまったことがあります。とても大好きなものでしたが、割れたものは元には戻りません。

どちらも、後悔先に立たず、覆水盆《ふくすいぼん》に返らず、です。

「怒り」の適切ななだめ方さえ知っていれば、
失わなくてすんだものもある。
失った信頼や物体、ましてや命は戻らない

「怒らない」ではなく「怒りと適切に付き合う」という姿勢でいる

怒りに駆られ、カッとなって行動してはダメだという話をすると、「とにかく『怒らないこと』が大事」と勘違いしてしまう人がいます。そして、ひたすら怒りを我慢したり、怒りの感情を抑えつけてしまうのです。

これも、「怒りに負ける人」の行動といえます。

アンガーマネジメントは、「怒らないこと」が目的ではありません。

なぜなら、**「怒り」は、人間に生まれつき備わった必要な感情であり、ゼロにはで**

きないからです。

そもそも「怒り」の感情とは何でしょうか。

犬でもネコでも、身の危険を感じると怒りだします。毛を逆立たせて、唸り、「威《い》嚇《かく》」行為を示します。

このように、外敵に出合ったときに怒りを感じない場合は、生死にかかわります。

「怒り」はある種、生物としての「防衛機能」の一種なのです。

それが人間にも備わっているのです。

だから、「怒り」をゼロにすることは、ある種、生物としての防衛機能をゼロにしてしまうことに等しいのです。

高いところで綱渡りをするときに、「あ、これは落ちたら危ない」と認識すると、とたんに心臓が脈打ち、ドキドキと心拍数が高まり、手に汗をかくなどと、体の反応に表れます。

怒りもそれと同様なのです。「あ、これは怒らないと危ない」と判断すると、心臓が脈打ち、心拍数が高まり、血圧が上がるなどして、戦闘態勢に入るのです。

だから生命の危機を感じるような場面で怒りを覚えたり、あるいは、社会的に抹殺されそうな事態に陥ったときに激昂したりというのは、人間の反応としてはまっとうなのです。むしろ、その場面で怒れないことは、「生命としての死」や「社会的な死」につながってしまいます。

ですので、仏のような悟《さと》りの境地に達《たっ》しないかぎり、「怒り」という感情をゼロにすることはできません。つまり、自分の怒りの感情とは一生付き合っていくということです。

それなら、「どうせなら、上手に付き合えるようになりたい」というのがアンガーマネジメントにとって大切なメンタルです。

アンガーマネジメントの目的は、「怒らないこと」ではなく、「いかに怒りと適切に付き合って、コントロール下におくか」ということなのです。

だから、部下に厳しい「怒る上司」と、何をしても部下を許す「怒らない上司」、どちらが上司として優秀かといえば、単純にはいえません。

「怒る監督」と「怒らない監督」、「怒る親」と「怒らない親」、どちらがいいかも単純にはいえません。

ただ、私がいえるのは、**「怒りを生かす人」は、「怒る」と決めて「怒っている」と**

いうことです。

そう、**「怒りたくないのに、怒ってしまう」「怒りたいのに、怒れない」**がない人が、**「怒りを生かす人」**なのです。

アンガーマネジメントでは、『怒る』『怒らない』を自分で決めること」というポリシーを大切にしているのです。

「怒りたくないのに、怒ってしまう」
「怒りたいのに、怒れない」をなくす。
「怒る」「怒らない」を、自分で決めることが重要

ムダに怒ることは、才能をつぶすこと。怒りの奴隷にはならない

アンガーマネジメントは「『怒る』『怒らない』を自分で決めること」という話をする際に、よく思い出す言葉があります。

テニスのロジャー・フェデラー選手が、アンガーマネジメントをメンタルトレーニングに取り入れたところ、世界ランキング1位という結果を手に入れたことを伝えた記事の一文です。

「Federer was not a slave of his anger（フェデラーは、もう自分自身の怒りの奴隷で

はなくなっていた）」

フェデラー選手といえば、男子シングルスの最多優勝・世界ランキング1位歴代最長など数々の記録を塗り替えてきたことで有名な最高峰の選手。４大大会で多くのタイトルを何度も手にしています。

そのフェデラー選手ですが、若いころ、試合中にイライラして、大事な一戦を落とすことが続き、なかなか勝てない現実に忸怩《じくじ》たる思いを抱いていたそうです。そう、自分自身の怒りをもてあまし、ふりまわされ、「怒りの奴隷」状態になっていたということです。

フェデラー選手のように「世界最高のテニス選手」と謳《うた》われてきた天才でさえ、「怒りの奴隷」となっている間は、自分の力を発揮できないのです。

どれだけ天才的な能力があったとしても、おのれの怒りをマネジメントできずに、ふりまわされている状態では、能力を発揮できないのだなとしみじみ感じました。

そう考えると、せっかく才能があるのに、人とささいなことでぶつかってばかりいる若手社員や、ものすごい能力があるのに、すぐにイライラしては、毎日のように酒を飲んでくだをまいている知人の顔などが浮かんできました。

せっかくの才能がもったいないことです。**ムダに怒っていることは才能をつぶすことでもあるのだなと思います。**

一方で、「怒りの感情は、自分の奴隷」のような感じで、自分の怒りを自由自在に操れている人は、効率よく健全に、安定して自分の力を出せているなと感じます。

こうした効果が認められているからでしょう。アメリカのプロスポーツの世界では、積極的にアンガーマネジメントを取り入れている選手やチームも多いです。

アメリカのプロゴルフ界（ＰＧＡ）では、タイガー・ウッズやバッバ・ワトソン（マスターズチャンピオン）、キーガン・ブラッドリー（全米プロチャンピオン）などがアンガーマネジメントを取り入れているといわれています。また、ジミー・ウォーカーという選手も、アンガーマネジメントを取り入れて以降、劇的に成績があがった選手といわれています。

また、アメリカンフットボール（ＮＦＬ）では、新人選手にアンガーマネジメントの受講が一時期義務づけられていました。アメリカンフットボールといえば、その最高峰の試合であるスーパーボウルは、アメリカで最も視聴率が高く、その広告料は天文学的な数字になることで知られている人気スポーツです。

こうした「シビアに結果を出す」ことが求められるスポーツ界でも、その効果を見込まれていることからも、アンガーマネジメントの重要性がわかるでしょう。

「怒りの奴隷にならないこと」「怒りを適切にマネジメントすること」は、スポーツ選手はもちろんのこと、どんな人であっても、**自分の才能を生かすという意味で重要なのです。**

自分の怒りの奴隷になっているうちは、
どんなに能力が高くても、よい結果など残せない。
結果を残したいなら、怒りのマネジメントが重要

健全で、建設的なエネルギーとして活用している

「こんなしょうもない提案書をつくって！」と、とても厳しい上司から怒鳴られたとします。

「すみません！」と謝ったものの、「みんなの前で大声で怒鳴りやがって！　腹立つ！」と内心グツグツが消えないAさん。仕事終わりに飲みに行き、同僚に終電まで愚痴を言って飲み続けました。

一方の部下Bさんは、「すみません！」と謝って、「くそー！　次は期待以上のものができるようやってやる！　そして上司を見返してやる！」と決め、さっそく仕事に

とりかかりました。

さて、どちらが「怒り」の発散方法としては建設的でしょうか。

「怒りを生かす人」に大切なメンタルとしては、「怒りをプラスのエネルギーにする」ということがあげられます。

怒りの感情は、何かを壊してしまうマイナスの力をもつ一方で、何かを作り上げるプラスの力にもなりえるからです。

例えば、世界的な芸術家のイサム・ノグチ氏は、「自分の創作のエネルギーは『怒り』だった」とあるインタビューで語っていたそうです。

また、お笑い芸人のダウンタウン松本人志氏は、「笑いの源泉は怒りだ」と語っています。著書『「松本」の「遺書」』（朝日文庫）ではこうも言っています。

「いい人に会って励まされればがんばろうという気になるし、また、ムカつくヤツに会ったら会ったで、そいつを見返すためにもがんばろうという気になる」

「励まし」も「怒り」も同じく、「がんばろうという気になる」と言っています。「怒り」を「励まし」と同様にエネルギー源ととらえているのです。

怒りの感情というと、どうしてもマイナスの面に目がいきがちですが、プラスの面も大きいのです。

大成する人ほど、「怒りのエネルギーの出しどころ」を知っているなと感じる場面が多いです。

何か大きなことを成し遂げるには、大きなエネルギーが必要です。そのエネルギーに「怒り」はなりえるのです。**吐き出し口を建設的、健全な方向に向ければ、とてもいいものを生み出すパワー源になるのです。**

私自身、「怒りをエネルギーに何ができたか」と考えると、その最たるものは、「事業を立ち上げること」です。

私が日本アンガーマネジメント協会を立ち上げ、今のように日本に普及させてこられたのも、「怒りを制御できなかったふがいない自分に、心底腹が立った」経験があったからです。「ま、いっか」「しかたない」とそれほど怒りを感じなければ、今のようなモチベーションを保ってこられませんでした。

さらには、「できない自分」に対する怒りを「自分を責める」のではなく、「どうしたらビジネスに生かせるのか」とプラス方面に考えたからです。

「怒りをエネルギーに」する場合、それは、誰かに対する怒りであっても、自分に対する怒りであってもいい。あるいは、足りない現状に対する怒りでもいい。

ただ、そのエネルギーを出す方向が問題なのです。「人を恨む」だったり、「自分を責める」などのマイナスの方向に使うのではなく、「現状を変える」「よりよいものをつくる」などの建設的な方向、プラスの方向にもっていく。それを意識している人が「怒りを生かす人」です。

「怒り」は、何かを成し遂げる際の
大きなエネルギーになりうる。
建設的、健全な方向に向けるよう意識する

「抑える」以上に「上手に出す」という視点に立っている

アンガーマネジメントは、アメリカで生まれたメソッドです。

アメリカで5年間働き、アンガーマネジメントを学んだ身として、ものすごく感じるのは、「アメリカ人は怒りやすい」ということです。

例えば、私がアメリカで暮らしていた2006年くらいのこと、アメリカの有名な報道番組での一場面です。

あるアナウンサーが生放送で、「イラク戦争は間違っていた」という発言をした際、出演していた解説者が、すごい剣幕で「間違ってはいない！　間違っているのはお前だ」とばかりに罵倒し始めたのです。観ているこちらが唖然《あぜん》とするほどの、怒りに駆られた言動でした。自分の意見がしっかりあるのはわかりますが、それをテレビという場で表現するには、あまりにも激しい口調だったのです。

日本では考えられない一幕だなぁと、ある意味、私は感心しました。

「怒りすぎて失敗する人」が多いのがアメリカなのです。

マイルドな言い方をすれば、「闘争心が強い」といえばいいでしょうか。

だからこそ、「怒りをコントロールする技術」であるアンガーマネジメントが、アメリカで生まれ、発達したのだなぁとつくづく実感した出来事でした。

ひるがえって日本人は、どういった傾向があるでしょうか。

私は、**比較的「怒りを抑える」傾向にある**ような気がします。

上司に怒られたり、友人からイヤなことをされたり、配偶者から責められても、比較的「耐える」「我慢する」「こらえる」のです。

心の中でわきあがった怒りを、一生懸命消そうとするといってもいいでしょう。

だから、私が怒りのマネジメント方法を教える際、アメリカ人に対しては「まずは、とにかく抑えることが大事」と言う一方、日本人には、そうは言いません。

なぜなら、**日本人に、アメリカ人と同じように「まずは怒りを抑えることが大事」だとお話しすると、必要以上に心に怒りをため込んでしまうから**です。

その結果、ストレスで体調を崩したり、「自分はダメだ」という自責の念につなげてしまう人がとても多いのです。あるいは、怒りをため込んだあげく、誰も得しない場面で、望まない場面で「キレる」などして爆発してしまう人もいます。

これでは、決定的に信頼を損なう、金銭的、身体的損害を負うなどの大きなマイナスを生み、自分もまわりも不幸な状況になってしまいがちです。

あるいは、抑え込んで、不利益をこうむる結果にもつながります。

アメリカのとある空港のカウンターで、一人の男性が声を荒らげて主張していました。話をきくかぎり、どうやら手配ミスで席がとれていない状況のようです。それに対して、主張を続けた結果、彼は希望通りの便で目的地に行けることになりました。

日本人だったら、「ミスをしてしまったものはしょうがない」とあきらめて、他の案を考える人も多いはずです。あるいは、「カウンターで怒鳴り散らすなんて恥ずかしい」という思いをもつ人も少なくないでしょう。

こうした日本人の傾向が「いい」「悪い」とは一概には言えません。ただ、ますますグローバル化が進むなかで、これからの日本人にとって大きな課題の一つになるのではないか、という気はしています。

だから日本では、セミナーや講演会でも、まずは「アンガーマネジメントとは、『怒ってはダメ』という話ではありません」ときっぱりと話すようにしています。

そのうえで**「怒ってもいい。怒りを上手に出しましょう」という方向性のほうが、日本人の性質に合っている**と感じます。

日本人は、怒りを我慢したあげく損しがち。
ただやみくもに「怒ってはダメ」ととらえずに、
「どれだけ上手に怒りを出せるか」も学んでほしい

イライラを生みやすい「～すべき」を手放すのがうまい

「怒りを我慢するのではなく、上手に出すことが大事」とはいえ、そもそもあまりに「怒りを感じる回数が多い」のでは、自分も疲れてしまいます。**怒りを上手に出す、出さない以前の問題として、「ムダな怒りを感じない」ということも重要**です。

「包丁を持って襲われても怒るな」とは言いません。けれども、「怒りに負ける人」は、「生命の危機」とはほど遠い、ささいなことで怒りがちな傾向があります。

「怒らないと危ない」というセンサーが利きすぎているといえばいいでしょうか。危険センサーが過敏になってしまっているのです。

これを解消するためには、どうしたらいいでしょうか。

人が人に対して「怒り」を感じる場合、単純にいえば、それは「価値観の違い」といえます。人は自分が「〜すべき」と思っていることを破る人に腹が立つのです。

「休むときはメールではなく電話すべき」と思っている上司は、メールで「休みます」と伝えてくる部下に腹が立ちます。

「残業してでも目標売上を達成する努力をすべき」と思っている人は、「業務時間内でできる仕事をすればいい」と考えている人にイライラします。

仕事のあらゆる場面でのイライラやいさかいのすべては、「〜すべき」の対立にすぎないといっても過言ではないのです。

シンプルに考えれば、すべて同じ構造なのです。

しょせんは「〜すべき」と「〜すべき」の対立ということができます。

よって「〜すべき」が多い人、強い人ほど、誰かに対して怒りの感情を抱く機会が多かったり、強くなったりします。

そういう人にお話ししているのが、次のことです。

まず、イラッときたら、3重丸を思い描いてみます。一番内側の小さい円が「許せるゾーン」です。次に2番目のゾーンが「まぁ許せるゾーン」です。自分は「〜すべき」と思うが、そうでなくても「まぁしょうがない」「まぁ許せる」という範囲です。

そして、3番目の最も外側の円が、「許せないゾーン」です。価値観も理解できなければ、許容することもできない範囲です。

「怒りに負ける人」は、この2番目の円が小さいのです。

例えば、「休むときは電話で連絡すべき」という価値観をもっているAさんとBさんという上司がいたとします。

Aさんは、「休むときは電話で連絡すべき」とは思うものの、休むときに「メールで伝える部下」も「別の人に伝言を頼む部下」も「まぁしょうがない」と許せます。

Aさんは、「メールで伝える」「伝言で言う」も2番目の「まぁ許せるゾーン」に入っているのです。もっといえば、「LINE（ライン）で伝える」のも、「携帯メール」で伝えるのもOKです。「伝えてくれれば、まぁ許せる」というスタンスです。

ただ、「無断で休む」だけ「許せないゾーン」に入っています。

価値観のすれ違いが起きた場合

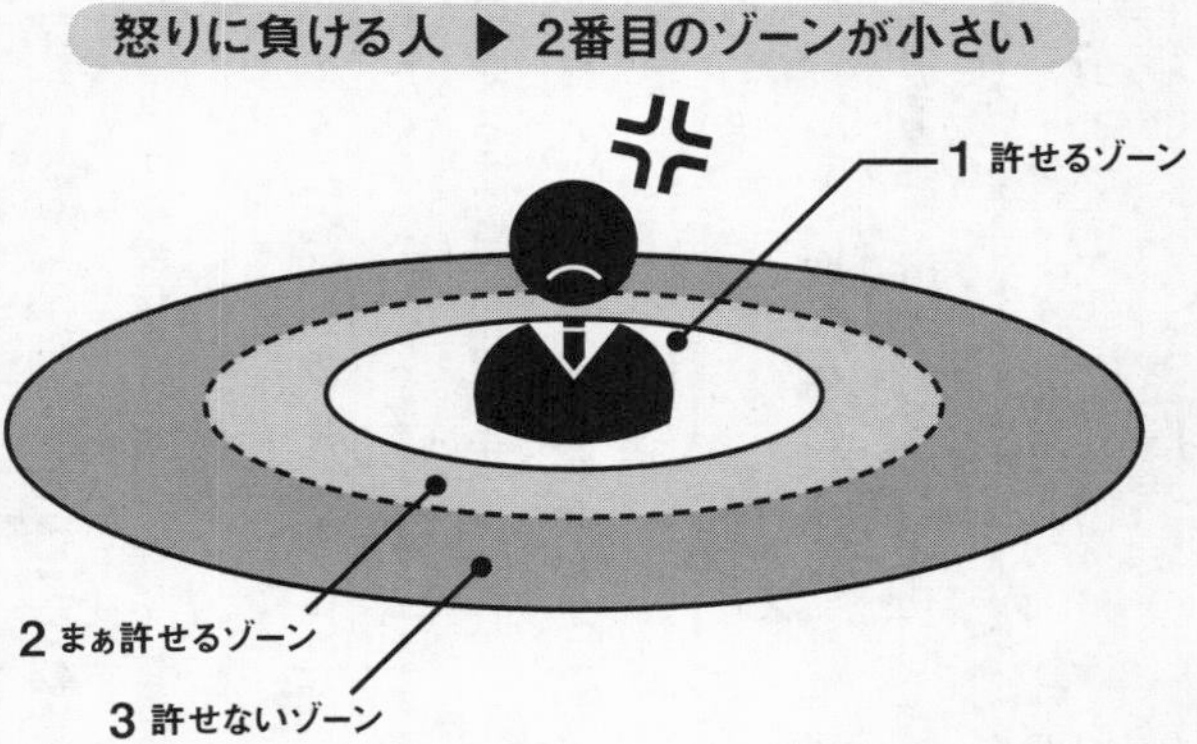

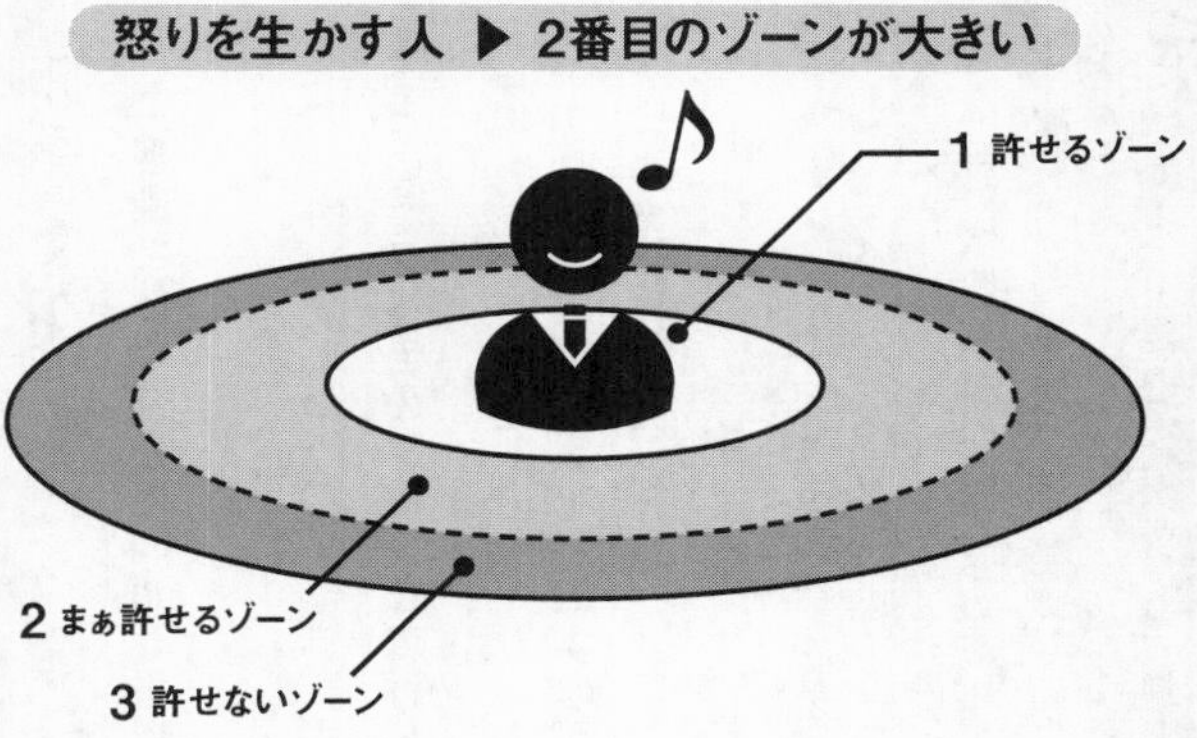

一方のBさんは、休むときに「メールで伝える部下」に対して、イライラします。ましてや、「別の人に伝言を頼む部下」なんてもってのほかです。

Bさんは、「メールで伝える」「伝言で言う」のも、「無断で休む」のと同じ3番目の「許せないゾーン」に入っているのです。

どちらが、ムダな怒りが少ないかといえば、明らかにAさんでしょう。

ムダに怒りたくない人は、なるべく「まぁ許せる」という2番目のゾーンを広げられるよう努力することが重要です。

「怒りを生かす人」は、ムダな怒りを生みやすい「〜すべき」の価値観を手放すのがうまい人なのです。

いきなり「許せる」ゾーンを広げなくていい。
「まぁ許せる」というゾーンから、
少しずつ大きくしていこう

腹の立つ相手でも、相手の育った環境や背景を推察できる

「～すべき」という価値観は、育った環境や過ごす場所によって、大きく違ってきます。

例えば、東京出身の私の知人女性が、配偶者の故郷である四国に帰省したときのこと。あることにひどく驚いて、憤慨していました。

そのあることとは、近所の親戚の人が、「こんにちは～」と言いながらガラッと玄関を開けて、勝手に入ってきたことだそうです。知人は、驚くとともに「他人が勝手に家に入ってくるのよ。信じられない。自宅に鍵をかけない人もかけない人よね！

不用心だわ。田舎っておかしい」と怒っていました。

これも単純に、生まれ育った場所の違いだったりします。私は群馬県の田舎出身なので、「まぁ、田舎ならあることだよな」と理解できます。が、都会で戸締まりをきっちりする環境で育った人にとっては、考えられないことなのでしょう。

ひるがえって、ビジネスの世界でも同様のことはあります。

同じ大学を卒業した仲間であっても、卒業して10年、まったく社風の異なる会社で働いていれば、価値観もずれていきます。

結果よりも職場の空気を乱さないことが重要視され、年功序列、前例主義の風土の「日本的企業」で働くAさん。結果さえ出せば、働き方も自由、有休もふんだんにとれる「外資系企業」で働くBさん。

卒業して10年後、同じような「ビジネス感覚」をもったビジネスマンになるでしょうか。

働く環境の違いが、価値観の違いを生むのもまたあることです。

ということは、です。仮に「〜すべき」といった価値観がぶつかって怒りを感じた場合でも、ちょっと立ち止まって、「なぜ、その考えになるのだろう？　その考え方に至った背景にはどんな環境や経緯があるのだろう」と推察してみてください。

そう推察するだけでも、やみくもに怒ることは避けられます。

「自分とは考え方が違う。けれども、その環境にいたなら、そう考えてしまうのも無理はない」と思えるだけでも、「まぁ許せる」ことにつながるからです。

アメリカは、いろんな人種、いろんな言語を話す人が住む国です。移民も多い。それぞれ価値観も大きく異なります。

ささいなことで自分の「〜すべき」にこだわってもしょうがない、というおおらかさがあります。ダイバーシティ（多様性）が根付いているなと感じます。

一方、日本は、ほぼ同一民族で、同一言語な社会だからでしょうか。ダイバーシティが低い社会だなと思うことがあります。

例えば、芸能人の不用意な発言や言動、企業のささいな不祥事にも、ここぞとばかりに、「批判一色」に染まります。そんな現象を見るたびに、日本は価値観が固定化されすぎて、「そんな考え方もあるよね」と、前項でいうところの「まぁ許せる」のゾーンが狭いと感じます。

日本で暮らしてみると、トラブルが少ない一方で、どこか息苦しく感じるのは、こうしたダイバーシティの低さが原因なのかなと思ったりもします。

「〜すべき」といった価値観が多様な社会のほうが、許容性が高い、包容力のある社会です。そのほうが、生きやすいと思うのは、私だけではないのではないでしょうか。

「怒り」は、育った環境や習慣の影響を受ける。
「怒り」を感じた場合は、怒りを感じた相手の背景にある価値観について考えてみる

怒りと上手に付き合えば、未来が広がることを知っている

前項で、「育った環境の影響は大きい」というお話をしました。そこで思うことが、アンガーマネジメントが「教育」の分野で果たす役割です。

私は、子育てや教育現場で、アンガーマネジメントを積極的にとり入れてほしいなと思いながら、活動を続けています。

なぜなら私には、大人になるまでに、「怒り」と上手に付き合う方法を知らないばかりに損をしてきた経験がたくさんあるからです。

この本を読まれているあなたにも、多かれ少なかれ、腹の立つ出来事があったときに、「あの時ああすればよかった」逆に「あんなことをしなければよかった」「カーッとなってチャンスをみすみす逃してしまった」といったような経験があるでしょう。

これらはいわば、**「みずから自分の未来の選択肢を狭くするようなこと」**です。

自分の「怒り」の感情と上手に付き合えないばかりにもったいないことをしたなと、アンガーマネジメントの仕事に携わってからはよけいにそう感じます。

なぜ、人は、怒りと上手に付き合えないのでしょうか。

それは単純に「怒りと上手に付き合う方法」を育っていく過程で教わってこなかったからという理由も大きいのです。

怒りの感情は、喜怒哀楽の感情のなかでも、取り扱いを間違えると、人生にとって大きなマイナスになる可能性が高いといえます。それなのに、その感情との向き合い方、取り扱い方を教えられてはきません。

これは、よく考えれば、人生にとって大きな損だといえます。

だから、若いころから「怒りの感情について知り、怒りの取り扱い方を学ぶ」ことは、大きなアドバンテージになりえます。アンガーマネジメントの技術を身につけることで、大人になってから、しなくてもいい損や悲しい思いをする機会を減らすことができるからです。

そして、私が未来ある子どもたちにアンガーマネジメントを教えるなかで一番伝えたいことは、スキルやテクニックそのものよりも、

「なぜ、怒りの感情と上手に付き合わなければいけないのか」

「怒りの感情と上手に付き合えれば、何が得られるのか」

という本質的なことです。

「怒りと上手に付き合う」ことの目的と効果を知っていれば、これからの人生の生き方が変わるからです。

私が子どもたちにアンガーマネジメントを伝えるとき、「これは君たちにとって人生を生きていくための武器だ」という意味を込めています。

これから生きていくうえでは、当然ながら、頭にくること、ムカつくこと、腹の立つことなんていくらでも経験しなければいけないことでしょう。

そんなときにいちいちやる気をなくしたり、誰かを強く責めたり、反対に自責の念にかられて自暴自棄になったりしていては、将来ある人生がもったいない。

とりわけ子育てや教育に、アンガーマネジメントを積極的にとり入れてほしいと願っているのはこのためです。

そして、**一人でも多くの子どもたちが、自分の怒りにふりまわされることによって未来の可能性をせばめないでほしいと切に思います。**

「怒りと上手に付き合う」ことで
子どもたちの人生は大きく変わる。
アンガーマネジメントは、生きていくうえでの武器になる

第2章

日々、イライラする、ささいなことにムッとくる場合

「とっさに怒る」の悲劇を防ぐためには、6秒待つ

「怒りを生かす人」であるためには、ささいな出来事やちょっとしたことで「怒らない」ことが大切です。さらには、たとえイライラしたり、ムカッときても、すぐにその怒りを消す方法を知っているかどうかも重要です。

この章では、日々の暮らしや仕事の中で起きる「小さな怒り」をテーマとしてお話ししていきたいと思います。

「怒り」の感情を抱いたときに、最もやってはいけないことを、たった一つあげると

したら何だと思いますか?

アンガーマネジメントを学んで15年以上、15万人を超える人の怒りに向き合ってきましたが、それでも、やっぱりこの「一つ」だと思えることです。

それは「反射」です。

・反射的に何か悪いことを言う

・反射的に悪影響のある行動をとってしまう

こうした行動をなくすことが、まず重要です。

例えば、「こんな恥ずかしい仕事よくできるな」という売り言葉にカッとなって、「お前の指示が下手なんだろ!」と買い言葉を口にする。

「あなたって最低ね」と言われて、手元にあるものを相手に投げつける。

あるいは、駅で携帯電話の画面に夢中になってぶつかってきたあげく舌打ちをした男に、ムカッときて「謝れ!」なんて怒鳴る。

カッとなったうえでの「反射」の言動には、いいことはないのです。

そのため、よくセミナーなどでご紹介するテクニックの一つに、「怒りを感じたら、まず6秒数えてください」というものがあります。**多くの人は6秒あれば理性的になれるからです。**日々のささいな怒りなら、6秒心の中でゆっくりと数えるだけでも、収まることも多いのです。

前述したように感情は放っておくと小さくなっていく傾向があります。ほんの少し時間をおくだけで、「反射」の言動を避けられるケースがほとんどなのです。

ちょっとしたコツですが、これを知っているかいないかで、大きく人生が変わってきます。最もやってはいけない「反射」による損失を最低限、避けられるからです。

「カッとなって」という反射の言動は絶対やめる。
6秒数えるだけでも、怒りは収まる。
とりあえずまずは、これからやってみる

スマホや文庫本で、怒りの再生産の流れを断つ

仕事柄、通りで、駅で、レストランで、どうしてもイライラしている人、怒っている人に目がいきます。

そんなときに思うのが、「ちょっとしたコツで怒りを抑えられるのに、もったいない」ということです。

例えば、以前の私は、待ち合わせに遅れてくる相手に、イライラしていました。あるいは、レジの列に並ぶこと、アクシデントによる電車の遅れなどにもイラッとしていました。

生来せっかちなので、「待つ」という状況が苦手なんです。「ちょっとしたことに怒ってもしかたない」と思っても、なかなかイライラした気分はなくならないものです。

そのため、私は、どうやったら「怒りをそらす」ことができるだろう、と考えました。

そうして見つけた方法が、「スマートフォン（スマホ）を見ること」です。

今は、「待つ」状況に陥っても、イライラすることはほとんどありません。「待つ」状況で、イライラしそうになったら、スマホでSNSをしたり、ネットで情報を集めるようにしています。

すると、不思議なことに、別の関心が、イラッとしていた気持ちにとって代わるのです。「あ、このレストラン行ってみたいな」とか、「株価下がっているな」とか、別のことに気が行くようになるのです。

すると、イライラした気持ちがスーッと小さくなっていくのです。

このように、「気持ちは移ろいやすい」のです。

それなのに**イライラした時間が長引くのは、イライラした出来事や原因をずっと考**

え続けるから。いわば、**自分で自分の怒りを再生産している状態**なのです。

だから、**イライラは断ち切る、そらす。**

あるテレビ番組で、タレントの方が話していたことですが、以前、空港で何気なくついていたテレビを観たところ、墜落事故を特集した番組を放映していたことがあったそうです。それを観ていたら、どんどん不安な気持ちになっていったそうです。「飛行機の墜落事故特集なんて、空港で一番流したらいけない番組だ」と言っていましたが、それはそうでしょう。番組を見ているうちに、小さい不安を大きくしてしまうからです。

墜落場面を見ることで、自分の不安を自分で再生産しているのです。

怒りも同じです。繰り返し、そのことを考えたり、イライラする対象を見続けるから、いつまでたっても小さくならないのです。それどころか、「思い出し怒り」でかえって怒りを大きくしてしまうのです。

「怒りの対象から気をそらせば、怒りの感情は小さくなる」

その性質を知っていて、かつ、自分の気のそらし方を知っていれば、イライラし続ける時間はだいぶ減るのです。

私はスマホを見ることにしていますが、人によっては大好きな小説を読むことかもしれません。そういう人は、カバンのなかにいつも好きな作家の文庫本をもっておくといいでしょう。

自分なりの「イライラをそらす方法」「怒りをそらす方法」を見つけてみてください。

自分で自分の怒りを再生産する流れを断てば、
怒りは時間の経過で消えていく。
自分なりの「そらす方法」を考えておく

ムダな怒りは、ちょっと複雑な計算や翻訳でそらす

自分なりの「怒りをそらす方法」があったとしても、実行するのが難しい場合もあります。

例えば、会議中に上司から「今月も数字が悪いのはどういうことだ」とネチネチと叱責されてイライラした場合、まさかスマホを見るわけにはいきません。

妻から「子どもの教育について、どう考えているのよ」と詰め寄られてムカッときたときに、いくら怒りから気分をそらしたいからといっても、大好きなマンガを読みだしたら、火に油をそそぐようなものです。

こうしたケースで、怒りをそらすのに参考になるアンガーマネジメントのテクニックがあります。「カウントバック」と呼ばれるものです。

例えば、「100、97、94、91、88……」というように100から3ずつ引いて計算しながら数を数えるのです。あるいは、「ワンハンドレッド、ナインティナイン、ナインティエイト……」と英語で数を数えてもOKです。

これは、**とにかく少し複雑な計算をする、翻訳することで「意識を怒りの対象から遠ざける」ためのテクニックです。**

なぜ、怒りから気をそらすのに、計算や翻訳が有効なのでしょうか。

それは私たちの脳の仕組みに関係しています。

怒りは原始脳と呼ばれる「大脳辺縁系」で生まれます。ここは、主に「怒る」や「喜ぶ」や「悲しむ」などの**「感情」を司り、本能的な反応が起こる脳の場所**です。

前述したように(P.39)、「怒り」は、命を奪う敵に対する防衛機能という本能的な役割をもっています。

そのため、強い怒りを感じてしまうと、私たちが本来もつ反応で、脳が体に「今は生命の危機ですよ」とけしかけてしまうのです。

このとき、「計算する」「翻訳する」とどうなるでしょうか。

「計算する」「翻訳する」ときに使うのは、「大脳新皮質」です。「大脳新皮質」は、「大脳辺縁系」の外側にあります。ここは、**言語や計算など「理性」を司り、人間の社会的な役割を果たす脳の場所**です。

そのため、計算や翻訳をして「大脳新皮質」を刺激すると、理性を呼び起こすことができるのです。

「今は、生命の危機ではないので、そんなに怒らなくても大丈夫」と冷静な判断ができる状態に戻れるのです。

結果、私たちが怒りに駆られた行動をとるのを防ぎ、理性的に行動できるようにしてくれます。

人間の体は不思議ですよね。脳の部位によって役割が異なり、それをうまく利用することで、「怒り」にとらわれた自分を変えられるのですから。

ただこのカウントバックのテクニックは、**そんなにイライラしていない、怒りのレベルが低いときから試して習慣化しておくことが大事です。**

でないと、「許せない！」と憤るほど強い怒りを感じたとき、一番活用したい場面で、この「カウントバック」が、頭の中から吹っ飛んでしまっていたりするからです。

いざ、「腹立つ！」と怒り心頭になった場合に、あとで後悔するような言動をとらずにすむよう、軽いイラッくらいで、まず何度も試してみてください。

数を数えるだけでも、理性を呼び戻すことができる。
複雑な計算でなくてもいいから、
まずは、小さい怒りを感じたときにやってみる

イラッときたら、心の中で実況中継し、「現在」に集中する

２０１３年、アリゾナで開かれたアンガーマネジメントの国際会議に出席したときのことです。久しぶりに本場のアンガーマネジメントに触れて、あらためてすごく新鮮な気持ちになりました。

そのなかで、私が一番心にとまったキーワードが「マインドフルネス」でした。

「マインドフルネス」とはどういうことでしょうか。日本語では、「その一瞬に集中すること」とか「瞑想」などと訳されます。

カリフォルニア大学ロサンゼルス校（ＵＣＬＡ）のマインドフル・アウェアネス・

リサーチ・センターのダイアナ・ウィンストン氏の言葉を借りれば、「今この瞬間に経験していることに、オープンな心と好奇心をもって注意を向けること」です。

私たちは、普段、**「現在」のことを考えている時間は意外に少ないものです。**

例えば食事中、目の前の食べ物をじっくり味わうなど「現在」に集中しているより、「食べたら、残っている仕事を片づけなきゃ」とか「今日、お客さまからイヤなこと言われたなぁ」とか、「明日の打ち合わせには何の服を着ていこうか」などと「過去」や「未来」のことを考えがちではないでしょうか。

イライラしているとき、怒っているときも同様です。実は「今、現在のこと」をあまり考えていません。

「上司にネチネチ責められてムカついた」という「過去」を思い出してはイライラしてみたり、「これからもあいつにあんな扱いを受けるのか!?」などと「未来」を想定しては憤慨してみたり……。

私たちは、驚くほど、怒っているときに「現在」を考えていないものです。

そして、「現在」以外のことを考えていると、どんどんよけいなことに思考がいってしまうのも人間のよくない性質の一つです。

そのために参考になるのが、先ほどのマインドフルネスです。「今この瞬間に経験していることに、オープンな心と好奇心をもって注意を向けること」を実行してみてください。

例えば、仕事をしているときに、イラッときたら、「パソコンを打つ手」だけに感覚を集中してみてください。

どのように手が動くのか、キーボードの色や形状はどうなっているのか、打つときの力の入れ具合で音にどういう変化があるのか。

好奇心をもって、観察してみてください。

すると、パソコンを打つ手の観察だけに集中するにしたがって、不思議とイライラした気持ちが収まっていくはずです。

もし、もっと集中したければ、「実況中継」するのもいいでしょう。

野球やサッカーなどの生中継のように、心の中で観察している様子を実況中継するのです。

「おっと、今、大きな音が鳴りました！　どうやらタイプミスをしたようです！」「黒いキーボードの上には、青と黄色の付せんが映えますね！」などと、観察したことを心の中で中継するのです。

それに夢中になっているうちに、怒りから注意がそれていくものです。

イライラしたり、思い出し怒りをしそうになったら、
今この瞬間に経験していることに
オープンな心と好奇心をもって注意を向ける

自分のためにも「下への怒り」は強く戒める

「怒り」には、『強い』ところから『弱い』ところへ流れる」という性質があります。

水のように「上」から「下」へと流れる傾向があるのです。

例えば、イライラしているときに部下が話しかけてきたら、ついとげとげしい話し方になってしまう一方、上司が話しかけてきたら、イライラを抑えて、なるべく愛想よく話そうとする人が多いのではないでしょうか。

あるいは、子どもにガミガミ怒っていたお母さんが、近所の人からかかってきた電話に出たとたん、別人のようによそ行きの声で「はい、〇〇です♪」と話すなんてこともよくあることです。

つい、弱い人や立場的に逆らえない人、反撃に出られる状況にない人に怒りの感情が向かってしまいがちなのです。

とはいえ、「上から下」へ流れる怒りは、見ていて気持ちがいいものではありません。**そうした態度を安易にとっていると、まわりの人からの信頼を失う原因となります。**

何も「弱きを助け、強きをくじく」といった正しい行いをすすめているわけではありません。

ただ、最低限「怒りを下に流さない」と強く意識するだけでも、信頼を失ったり、評判を落とすなど、あなたが損するリスクを避けられるのです。

イライラしたときには、弱い立場の人に接しないのも一つの手です。

あるいは、カーッとなって逆らえない立場の人に文句を言いそうになったら、相手の顔を「上司の顔」「親の顔」といった自分より目上の人、強い立場の人に置き換えて想像してみる、などの手もアリでしょう。

そして、もし、イラッときてつい怒りを下に流してしまったときは、あとで「悪かった」「ごめんなさい」と潔く謝ることも大切です。

この「上から下への怒り」は、「上司から部下」「親から子ども」という単純な上下関係だけにかぎりません。

ネットの世界にも「上から下への怒り」はあります。

例えば、ネットの世界でよくあることといえば「炎上」です。ネット上では、「匿名」で誰かを強烈に批判します。

「匿名」で攻撃する人たちは、「いくら批判・攻撃したとしても、基本的には、自分の身は安全」という状況にいます。

「匿名」というセーフティゾーンにいる場合に、人の怒りは増長しやすいのです。

人は、自分が安全な場所にいて害が及ばないと思うと、つい強くなった気になって、大きな態度になってしまうからです。

とはいえ、そのネット上の攻撃的な人格に慣れてしまうと、実生活で出てしまうこともあるので注意が必要です。

また、車に乗っているときも、ネット上の匿名と同様の心理作用が働きがちです。

普段は穏やかなのに、車を運転しているときは、人が変わったように荒っぽくなる人はいませんか。

こういう人は、「車」という「強い箱」に入っていることで、強気になってしまうのです。

だから、怒りのコントロールが下手な人ほど、車の運転が荒い傾向にあります。

荒い運転は事故にもつながりやすい。

安全運転のためにも「上から下への怒り」に気をつけたほうがいいでしょう。

立場の弱い人、逆らえない人に向かいがちな
「上から下への怒り」は、いいものではないから強く戒める。
「匿名」「運転するとき」なども気をつける

そもそも、イライラが充満する場所には近づかない

私は仕事柄、「Yahoo!　知恵袋」（以下、「知恵袋」）をよく見ます。

知恵袋をあまりよく知らない人に向けてご説明すると、ペンネームや匿名で、自分が素直に疑問に思っていることを質問します。すると、不特定多数の別の人が、それに対して自由に答えるネット上の質問コーナーのことです。

私が見るのは、「こんなことに怒ってます」という質問項目です。なので、ほとんどの回答が荒れており、怒りが充満しています。

ただ、それを見ていると、「世の中の人が何に怒りを感じていて、どう表現してい

るのか」がわかるので、私自身、参考のために見ているのです。

とはいえ、私は職業柄、参考になると思うから知恵袋にアクセスしますが、そうでなければ、こういう**怒りが渦巻いているようなところは近寄らないにかぎります。**

「怒り」の感情は、「上から下に流れる」と前項でお話ししましたが、**「怒り」には、「伝染しやすい」という性質もあるからです。**

夫が自宅に帰ってきたときにイライラしていると、妻も「なんで帰ってきたそうそうイライラしてるのよ！」と思ってイライラしたり。

職場で一人の人が電話口で怒っていると、その職場全体がピーンと張り詰めた悪い空気になってしまったり。

つまり、たいていの人は、怒っている人に近づくと、多かれ少なかれ影響されやすいのです。

そして、これは知恵袋にかぎったことではなくて、身のまわりにある悪口大会や愚痴大会なんかも一緒です。

悪口大会や愚痴大会に参加しないと「嫌われる」「仲間はずれにされる」などと思ってしまい、無理して参加してしまう人もけっこう多いものです。けれども参加したらしたで、そこにいる人の怒りのエネルギーをまともに受けて疲れてしまうことがあります。

さらには、怒りを受けるだけじゃなくて、その怒りを友人や恋人、家族など、自分にとって大切な誰かに伝染させてしまうこともめずらしくありません。

参加する必要もない悪口大会や愚痴大会で受けた怒りを、自分の大切な人に伝染させたらバカバカしいと思いませんか。

近寄る必要がないものには近寄らない。

それを決められるのは自分自身です。

「イライラや怒りが充満した場所には近づかない」と決めるのも大事なことです。

怒りには「伝染しやすい」という性質がある。
できるだけ、悪口大会や愚痴大会、荒れているネットのページなど
イライラが渦巻く環境には近づかない

「携帯を一日持たない」で、不便に慣れる練習をしてみる

携帯電話、Eメール、LINE（ライン）など、通信手段はどんどん発達していっています。

技術の発達それ自体は別に悪いことではありません。便利ですし、効率もよくなります。その結果、在宅で仕事ができるようになったり、早く仕事を進められるなどのメリットもあるでしょう。

ただ、アンガーマネジメントの観点からすると、イライラの原因になると感じることも多いのです。

例えばコミュニケーション手段として一般的に普及した「LINE」。LINEは、自分が送ったメッセージを、相手が読んだかどうか、「既読」表示されることでわかります。

相手が読んだかどうかがわかるため便利な面がある一方、「『既読』になっているのに返事がない」「読んでいるはずなのに返事がないとはどういうこと⁉」などと不満に思ったり、イライラしたりする原因になる面があります。

つまり、**連絡手段が便利になったぶん、人によっては、怒りの原因にもなってしまうのです。**

テクノロジーの進化にはイライラを助長する面もあるのです。**要は世の中、便利になればなるほど、実はイライラしやすくなるということです。**

コンビニでお金をおろせるのが一般的になった現在、財布にお金がないことに気づいてもコンビニが見つからないとき、イライラしませんか。

あるいは、駅で大きなスーツケースを持っているときに、エレベーターもエスカレーターもない場合、「なんでないんだよ！」とムッとくることがありませんか。

便利になればなるほど、「待つこと」「我慢すること」が下手になっていく側面があるのです。

便利になったがゆえに、「待てない」「我慢できない」。結果、イライラすることが増える。そんな人が多いのです。

そんな人たちのために、私がおすすめしている効果的な方法は、「一日携帯を持たずに過ごすこと」です。

これは、**「不便に慣れる」練習**です。

どこかへ行こうとするとき、つい携帯で乗換案内を検索する人も多いでしょう。けれども、携帯がなければ、路線図を捜して見る手間が発生します。

また、行きたい店が休日も空いているかどうかを調べたいときもあるでしょう。携帯がなければ、実際に行ってみるか、あるいは、近くの空いているお店に入るという選択が必要になるでしょう。

「携帯を持たない」ということは、**「時間をかける」「我慢する」「代替案を考える」など、不便に慣れる練習、思いどおりにならない展開でもイライラしない練習になるのです。**

たった一日、携帯を持たないだけでも、「なんて便利さに慣れてしまっていたんだ」ということに気づけるはずです。

もし、仕事上、「一日携帯を持たない」ことが難しいという人は、まずは、休日のちょっとした外出の際だけでも、「持たない」から試してみてはいかがでしょうか。

便利になるほど、イライラしやすくなる。
一日携帯を持たない日をつくって、「我慢する」
「代替案を考える」など、「不便に慣れる」練習をしてみる

体調管理は、怒りの管理でもある。疲れたら意識的に休む

とても単純な話ですが、体調が悪いときは、どうしてもイライラしがちです。それは体が弱っているからです。

人間も動物同様、「怒り」が「防衛機能」だとすると、弱っているときは、より防御が必要なとき。そのため、身の危険に関するセンサーが敏感になるのです。

私自身の話をすると、私は「のど」がとても弱いです。そのため、打ち合わせでも食事でも、禁煙席を希望するだけでなく、なるべくなら「分煙の店」ではなく、「全面禁煙の店」を選びます。

たばこの煙のためにのどが痛くなって、イラッとくる可能性をなるべく減らしたいからです。

このように、体調不良からくる「怒り」も存在します。

なので、最近、「なぜか怒りやすくなっている」「イライラしていることが多い」ということがあったら、まずは「体を休めること」をおすすめします。

イライラしやすいときは、意識的に体を休めること。

これもアンガーマネジメントの一つです。

知人の外科医のある発言が心に残っています。

「休日や空いてる時間は、なるべく体を鍛えるなどして、自分の体調に気を使っているんだ。過度の飲酒も控えている。体調が悪いときは、どうしてもイライラしやすいし、判断力もにぶる。外科医だから緊急手術という事態もある。人の命を預かっている以上、自分の体調管理もまた仕事の一つだと思っている」

その言葉を聞いたとき、できる人は違うなと心底、感心したものです。

世の中には、ストレス度の高い仕事とそうでない仕事があります。

例えば、私がこの原稿を書くときに、「誤字」を「五時」とミスしてしまっても、誰かの命が失われることはありません。けれども医師の仕事は違います。自分がミスをしたら、相手は命を失ってしまうかもしれない。

そう考えると、ストレスははるかに大きいものです。

その医師をしている知人の言葉に、あらためて、体調管理も怒りの管理の一つだと、大切なことを思い出させてもらいました。

ささいなことで怒りやすくなっていると感じたら、
まずは、体を休めることを考える。
疲れをマネジメントすることもアンガーマネジメント

「食わず嫌い」や思い込みで、怒りの元を増やさない

あなたには、「食わず嫌い」な食べ物がありますか。

食べたことはないけれどもなんとなく苦手で、食べないようにしている食べ物です。

なぜ、「食わず嫌い」の話をしたのかというと、この「食わず嫌い」は、アンガーマネジメントをするうえで障害になる行為だからです。

例えば、「エビ」が「食わず嫌い」ではなく、「嫌い」で避けている場合。エビフライやエビマヨが嫌いなのはおろか、魚介のパエリアに入っているエビや、お好み焼きに入っている小さなエビも避けてしまいます。家族や友人との食事でエビが出てきた

ら、ムッとするかもしれません。

前項の体調の話と同様、嫌いなものがあるときは、ストレスが増え、イライラしやすくなるからです。

嫌いな食べ物があるがゆえに、「あ、イヤだな」という機会が増えるのです。

食べてみて嫌いなら、しかたがありません。苦手な味というのもあるものです。人によってはアレルギーのある人もいます。

ただ、「食わず嫌い」とは、「食べていないのに嫌い」という状態です。

つまり、「嫌いな気がする」という「思い込み」で、「避ける」という行為をしているのです。

とはいえ、**避けている時点で「嫌い」と同じようなストレスは感じます。**

本当に嫌いかどうかはわからないのに、普段の生活の中で、「嫌い」と同じストレスだけは増やしてしまっているのです。

これは「食べ物」だけの話ではありません。物事や人間関係でも同様です。

たいして話していないのに人を「嫌い」と判断することや、やってもいない仕事を「イヤだ」と思うことは、ストレスを増やす元です。

本当に嫌いならしかたがないですが、**経験してもいないのに、思い込みで「嫌い」と判断して、日々のストレスを多くするのは、もったいない。**

話してみたら、「あれ、悪い人じゃないかも」と思うかもしれません。やってみたら「あら、楽しい」となるかもしれません。

食べ物にかぎらず、思い込みで感じてしまうストレスを減らしていくことは大切なことです。

「食わず嫌い」はもったいない。
本当に好きか嫌いかはわからないのに、
思い込みでストレスだけを増やしていることになる

無責任な批判は、ポジティブな意見へ変換してしまう

どちらの人が、有意義な時間を過ごしているといえるでしょうか。

コンビニでレジにできてしまった行列。「なんでレジに一人しか店員いないんだよ」とイライラして店員をにらみつけるAさん。

「人が足りないのかな。こういう場合、レジに呼び鈴があれば、もう一人の店員を呼び出せるのに。あるいは、あの角に鏡があってレジが見えれば、品出しの店員がレジに並んでいるのに気づけるかな」とその状況を観察して、どうしたらレジの列が解消できるかをシミュレーションするBさん。

あきらかにBさんではないでしょうか。

私が常日頃感じるのは、**「イライラは、気分をそらしてなるべく回数をへらすか、気づきに変えること」**の重要さです。

例えば、自分が一生懸命している仕事を、無責任な立場の人から批判された場合、あなたはどういう反応をしますか。

努力や能力を否定されているようで頭にくる人や、逆に「自分にも悪いところがあったのかな」と急に自信がなくなる人もいるでしょう。

けれども、世の中、無責任に人を批判したがる人もいるものです。

こういう無責任な批判への対応としては、アメリカのショービジネス界のセレブたちが、いいお手本になります。

世界で一番辛口の批評にさらされている彼らは、次のように切り返しています。

アメリカのテレビコメディー『アンガーマネジメント』好演でも有名なチャーリー・シーン。米経済誌「フォーブス」が発表しているテレビ界で最も稼いでいる俳優ランキングの1位になったことでも知られています。

その彼の主演作『アンガーマネジメント』の続編が追加制作されることになったものの、その批評は、決していいものばかりではありませんでした。

辛口意見のなかで特に目立つのが、「出来はよくも悪くもなく普通」というものでした。これに対し、チャーリーは、次のような発言をしたそうです。

「僕はこの番組が『普通』って呼ばれることをうれしく思うよ。むしろ最大級の賛辞。どうしてコメディーがアイスで言ったらバニラ味みたいなものばかりを作るかというと、みんなそれが好きだからだよ。いろんな味を試しても、結局は、基本に戻りたくなるんだ。つまり、『普通』と感じる人がいるのは、番組を見てひどく驚いたり、ショックを受けたりせずに、みんながこの番組に自分の波長を合わせられるっていうこと。毎週この番組を観ている20分間は、他のわずらわしいことは何も心配せずに、番組を楽しんでもらえているってこと」

チャーリーは、「普通」といった批判を否定せずに、「普通」という概念を「つまらない」「平凡」ではなく、「人が安心して観られるもの」という解釈にとらえなおしたのです。

もう一人の例をあげると、人気歌手のブリトニー・スピアーズ。彼女が大人気オーディション番組『Xファクター』アメリカ版の審査員に抜擢された際のことです。「ブリトニーは審査のセンスが全然ない」という批判の声があがったことがありました。それに対し、彼女は、

「批判する人は、今まで私をスポットライトの中でしか見たことがなくて、今回、私のキャリアで初めてのことをしているから、いろいろ言いたいんだと思う。でも、やったことがないからこそ、この仕事が魅力的で、引き受けたいと思ったの」

とコメントしました。

「初めての仕事だからそういう部分もあるかもしれない」と相手の批判を否定せずに受け取ったうえで、「初めての仕事だからこそのメリット」を語ったのです。

二人に共通しているいいポイントは2つあります。

まずは、無責任な批判に対して、「反射」の怒りを返さなかったこと。「反射」で攻撃せずに、まずは、批判をありのまま受け止めています。

次に、批判をポジティブな意見に変換したことです。

世の中のたいていの出来事は、ポジティブにとらえなおそうと思えばできます。

第1章のカズさんも、「おやめなさい」という発言を、「引退勧告」ではなく、「成長させてくれる言葉」「激励」とポジティブ変換していました。

こうした「ポジティブ変換装置」を自分の中にもっていることも、「怒りを生かす人」には大切な要素なのです。

思いどおりにならない状況や
無責任な批判を受けたときの怒りは、
ポジティブな気づきに変える

第3章 大きな怒りを感じたり、怒りが積もり積もった場合

「なんとなく知っている」と「正確に理解している」の違いをわかる

第2章では、イライラや、日々感じるささいな怒りについてお話ししてきました。時には、カーッと頭に血が上るほど、強い怒りをもつこともあるでしょう。怒りが積み重なって、「もう、許せない！」となることもあるでしょう。

そうした大きな怒りに駆られた場合、怒りが積もり積もった場合、どのように付き合っていけばいいかを、本章ではお話ししていきたいと思います。

私たちが「怒り」の感情と上手に付き合ったり、マネジメントできない一番の理由はシンプルです。それは、**イライラ、怒りの感情をちゃんと理解していないから**です。自分の感情なのに、自分でわかっていないのです。

例えば、試しにあなたが最近、誰かに大きく怒りを感じた出来事を思い出してみてください。その出来事に関連して、次の項目を書き出してみてください。

・誰の、どの言動に対して怒りましたか？
・あなたが怒りだした一番のきっかけは何ですか？
・どれくらいの強さで怒りましたか？　10段階で答えてください。
・怒った際に、身体のどこかに変化はありましたか？

さて、これらの問いに、具体的に書き出すことができるでしょうか。

案外、「あんなに頭にきたわりには、冷静になってみると忘れていて、うまく書けない」なんてことがあるのではないでしょうか。

「正確に理解していること」と「なんとなく知っていること」は全然違うのです。

試しに「バラ」を漢字で書いてみてください。

正解は、「薔薇」です。

書けたでしょうか。

ほとんどの人は、書けなかったのではないでしょうか。

新聞や本に書いてあれば、読める人が多いと思います。「なんとなく知っていること」ではあったわけです。けれども、実際に書こうとすると書けない。

つまり、「なんとなく知っているけど、ちゃんと書けない」という状況です。

これが、「なんとなく知っていること」と「正確に理解していること」の違いです。

「怒り」の感情についても同様の傾向があります。

イライラする、頭にくる、ムカつく、腹が立つなど、「自分が怒っていること」くらいはなんとなく知っています。

とはいえ、実際のところ、じゃあその感情を正確にわかっているかというと……意外とわかっていないのです。

理解があやふやなものをコントロールしたり、マネジメントするのは難しいものです。

あなたがもし、今、100人の組織をマネジメントして、結果を出せと言われたら、どうしますか。

まずは、現状を正確に把握することから始める人が多いと思います。

自分の怒りの感情をマネジメントするのも同じです。

だから、アンガーマネジメントでは、イライラ、怒りの感情を「まずはできるだけ正確に理解すること」を重要視しています。どのように理解するのか、次の項でご説明します。

「なんとなく」でしかわかっていないものをマネジメントすることは難しい。まずは、「できるだけ正確に知る」ことを大事にする

動物の観察日記をつけるように自分の怒りを記録する

「日記を書く人」と「書かない人」では、アンガーマネジメントはどちらが上手だと思いますか。

正解は、「日記を書く人」です。

アンガーマネジメントには、「アンガーログ」という手法があります。それは、自分の怒りの感情をなるべく正確に把握するために「記録する」手法です。

お金のやりくりが上手な人が家計簿をつけるのと同じようなものです。また、ダイエットする際に、体重を測って記録するのとも似ています。

記録をすることで、自分の怒りについて理解を深めていくのです。

適切にマネジメントしたいなら、上手に付き合いたいなら、まずはその対象をよく知ること。そのために「記録する」という行為は、最も役に立ちます。

記録する際は、例えば、次のようなことを書いていきます。

「自分は本当のところ、何に怒っているんだろう？」といった、怒りの感情を抱いた相手や内容。

「どれくらいの強さ、長さで頭にきているんだろう？」という怒りの感情の大きさや、持続した時間。

「なぜ、自分は怒りを感じたのだろう。その根本にはどんな価値観があるんだろう」といった怒りの理由となった自分の考え方・価値観。

こうしたことをできる範囲で記録していきます。

植物や動物の観察日記のようにつけることです。

そして、時間がたってからその記録をふり返ってみると、必ず発見があるものです。

「あのときはすごく腹が立ったけど、今になって考えればあんなに怒らなくてもよかったかも」という冷静になったがゆえにわかる気づきがあったりします。

「なんだか、以前も似たようなことで怒った気がする」といったように、長いスパンでふり返ったからこそわかる失敗パターンを知ることもできたりします。

「怒りの感情」を知るためには、記録からです。

強い怒りを感じたときはもちろんのこと、ささいな怒りであっても「怒ったら、書く」を習慣にしてみてはいかがでしょうか。

「怒ったら、書く」を習慣にしてみる。
そして、動物を観察するように、自分の怒りを観察してみると、
冷静な視点からの気づきが得られる

怒りの根底にある「わかってほしい」という思いに気づく

怒りには、いくつかの傾向があります。

その一つは、

「身近な人、理解してほしい人にほど、『怒り』は強くなりやすい」

ということです。

例えば、あなたがものすごくやりたい夢があったとして、今日会ったばかりの他人に「それは無理じゃない？」と言われたとしても、あまり気にしないのではないでしょうか。

あるいは、ムッとするけれども、「今日会ったばかりの人だ。自分のことをわかってもらう必要はない」とすぐに気が収まるのではないでしょうか。

けれども、それが身近な人、例えば、親や配偶者、親友ではどうでしょうか。「それは無理じゃない？」と反対されると、会ったばかりの人に言われるよりずっと、カチンとくる人が多いはずです。

この差は、「関係性の近さ」です。

人は怒りを感じるとき、「自分のことをわかってほしい」「自分の味方をしてほしい」「自分の意見を尊重してほしい」という思いを強くもっている相手ほど、それが得られなかったときに怒りを感じがちです。

一般的にいえば、身内や家族に対するアンガーマネジメントが最も難しいです。実際、悩み相談に来る方の中でも家族との関係で悩んでいる人は非常に多いです。

かくいう私も父との関係ではとても悩みました。

うちは、両親とも公務員なのですが、私はそれとは真逆の起業家の道を選びました。大人になってからも、意見を交わせば、真逆だったりします。

「人生は安定が一番大事だ」という父と、「安定より、やりがいのある仕事をするほ

「田舎で単調な暮らしを続けるのは息苦しい」という父と、「田舎で地に足をつけて過ごすほうが大事だ」という私。

第1章で、「怒りは価値観の違い」というお話をしました（P.55参照）。私も、父と私との間で、「価値観の違い」が大きかったのです。

これが赤の他人なら、「考え方の違いだな」と冷静に思えるのです。しかし、自分の父親です。どんなことがあっても、どこかで大切に思っている私がいるのです。つい、**「なんでわかってくれないんだ」「どうして私の生き方を尊重してくれないんだ」という、相手に求める思いが根底にあったからでしょう。**

父とは、ずいぶんと意見を戦わせる場面があったように思います。

「わかってほしい」「尊重してほしい」「愛してほしい」、そう思う相手にほど、「怒り」は覚えやすいのです。

なので、もし、身近な人にイライラすることが多い場合は、「この人には自分のことをわかってほしいのだ」「それだけ、自分は味方をしてほしかったのだ」「自分はこの人を大切に思っているのだ」と思ってみてください。

怒りを感じたとしても、憎んでいたり、嫌いなわけではない。それを認識するだけでも自分の心が救われます。

そして、何より「根本的には大切に思っているのだから、ムダに怒るのはやめよう。建設的な解決を図ろう」という**健全な気持ちに戻れるのが重要なことです。**

身近な人、大切な人に怒りを感じたときは、「それだけ自分をわかってほしいのだ」と気づき、建設的な解決を図る健全な気持ちに戻ることが重要

「怒りに対応する」より「不安に対処する」という視点をもつ

Aさんは、とある中堅企業の営業部長です。

ちょっとでも売上が下がると、つい「この数字はどうなっているんだ！」と部下を呼びつけては強い調子で尋ねてしまいます。

売上がひどい月などは、「改善策を出しなさい」「どうしてこうなったんだ⁉」と部下を叱責してしまいます。「いいことではないかも」と思いつつも、「会社のためには厳しくしないとしかたがない」という気持ちもあります。

けれども「ついていけません！」と部下から訴えられたり、つらそうに働く部下の姿を見たり、辞めていく部下を見送ったりしていると、「このままではいけない」という気持ちも浮かんできます。

さて、このケースの場合、A部長はどうしたらいいでしょうか。

A部長は「怒りっぽい」というよりは、「不安が強い」のだと私は思います。**「怒りは不安が原因」といっても過言ではありません。**

「弱い犬ほどよく吠える」という言葉がありますが、体が小さい、弱いということは、それだけ身の危険を感じ、不安に思う機会が多いということ。結果、防衛機能である「吠える」つまり「怒る」機会が多くなってしまうのです。

人間も同じようなところがあります。**「不安が強い人ほど怒る」**のです。

私は以前、とても怒りっぽい性格だったといいました。私自身も、とても「不安が強い」性格だったといえます。

ここからは自分なりの分析になるのですが、「不安が強い」性格になったのには、生い立ちと関係があるように思います。

高名な心理学者のA・アドラーは、親子の関係と「性格」について、次のように語っています。

「子どもにとって家族は世界そのものであり、親から愛されなければ生きていけない。そのための命がけの戦略が、そのまま性格の形成につながる」

私の両親は公務員です。両親は、「世のため人のため、公僕となって働く」という面もありますが、やはり、「公務員は安定した収入がある」という安定志向の面が強かったことは否めません。よい言い方をすれば「安定志向が強い」ですが、「不安が強いから安定を求める」といったほうがいいかもしれません。

その両親のもとに育った私は、その過程で、ある程度両親の「不安が強いから安定を求める」に沿おうと順応してきた面があるのです。

「不安が強いから安定を求める」と、どうなるでしょうか。

私は、自分が「できること」よりも、「できないこと」「足りていないこと」に目がいきがちです。これは子どものころ、両親から「お前はこれができない」「お前にはあれが足りない」などと言われ続けたからです。

今思えば、不安が強い両親には、「わが子が失敗しないよう、安定した道を歩めるよう」という考えが根底にあったのでしょう。それも今の私なら理解できます。けれども、幼い私には理解できませんでした。

結果、私は、「できないこと」「足りていないこと」にばかり思考が向くようになったのです。

不安が強くない人は、コップ半分の水を見て「まだ半分もある」と思えます。けれども、不安が強い人は「半分しかない」と不足に目が行くのです。

このケースのA部長も、かつての私と同じではないでしょうか。

ちょっと売上が足りないだけで、いや、他人から見たら足りていたとしても、「足りていない部分」に目が行くのです。

だからこの場合、A部長としては**怒りよりも不安をマネジメントする視点をもつのが建設的な解決方法のように思います。**

不安が強い性格だった私だからこそ、よくわかります。

私自身も「不安を消していく」ことが「怒りが減る」ことにつながったからです。

アメリカで働いていた際、同僚より自分のほうが「売上がない」状況に陥ったとたん、イライラすることが増えたり、上司とぶつかったりしていました。

けれども、「怒りは不安が原因」とわかってからは、「売上が減ったといっても挽回はできる。無用に不安になってもいいことがない」と落ち着いて数字を見るようにしました。そして戦略を練ることに注力していったのです。

あるいは、「売上が減ってこの会社をクビになっても、私は大丈夫だ。どの会社でもやっていける」と不安な気持ちをなだめて仕事をするようにもしていました。

やがて自分の不安に上手に向き合えるようになってからは、イライラすることもぐっと減りました。

「怒り」は「不安」から、です。

怒りの後ろにある不安を見つめ、それに対応し、消していくこともまた「怒りの対処法」だったりするのです。

不安が強いと怒りやすくなる。
怒りの背景にはどんな不安があるかを考え、
「不安に対処する」という視点をもつ

「原因」より「目標」、「過去」より「未来」について怒る

トップに立つ人間として、「厳しい指導者」と「温和な指導者」のどちらがいいかは、最終的にはわからないというのが私の正直な意見です。

ただ、「怒る」にしても、大事なポリシーはもっていたほうがいいとは思います。

「健全な怒り」というものはあるからです。

「健全な怒り」とはなんでしょうか。

アンガーマネジメントにおいて、とりわけ重要な考え方の一つに「ソリューションフォーカス（解決策に焦点）」があげられます。

「原因」や「理由」よりも、「どうしたいか」という「目標」や「理想」を実現する「解決策」に視線を向けることをソリューションフォーカスというのです。

例えば、上司が部下に「なぜ、あのとき、君はあんな大きな判断ミスをしたんだ！」と叱る際は、たいてい「理由」を聞いているのではなく、ただ責めたいだけだったりします。

それよりは、「ミスをしたものはしょうがない。損失をどう回収できるかを真剣に考えろ！」と「目標」を提示して叱られたほうが、部下も身が引き締まります。

妻とケンカした際に、「なんで、あなたは家事を手伝ってくれないの？」と「原因」を問われても、夫には責められた思いしか残らないものです。

それならば、「家庭と仕事の両立でつらいの。あなたと楽しく結婚生活をするために、家事をもう少し手伝ってほしいの」と「二人の理想の結婚生活」を語りながら「家事を手伝ってほしい」と言われたほうが、納得感があるはずです。

怒るときは、「原因」よりも「目標」や「理想」を大切にしてください。

そして、「過去」よりも「未来」について語ることも重要です。

アメリカで１９６０年代、黒人の人種差別撤廃運動において大きな役割を果たし、ノーベル平和賞を受賞したキング牧師の有名な演説があります。多くの人を感動させた演説は、次の言葉から始まります。

「I have a dream（僕には夢がある）」

その言葉のあとには、「肌の色によってではなく、人格そのものによって評価される国に住むという夢」「黒人の少年少女が白人の少年少女と兄弟姉妹として手をつなげるようになるという夢」という言葉が続きます。

「人種差別反対」という怒りから生まれた運動であっても、「なぜ、差別するのだ」と糾弾するのではなく、「未来」を語る、「理想」を語る。

そのことが人の心を打つのだと思います。

怒ったり、不満を伝える際は、
「過去」のことや、「原因」に焦点を当てない。
「未来」や「目標」、「解決策」を意識する

「上から下」へ怒るときには、「一貫性」をもたせる

前述したように、怒りは「上から下」へ流れやすいという性質があります（P.83参照）。だから知らず知らずのうちに、イライラや不満を下の立場の人、弱い立場の人にぶつけないよう注意する必要があります。

とはいえ、抑えた怒りが積もり積もった場合、あるいは、大きな怒りを抱いてしまった場合は、どうしても下の立場の人、弱い立場の人であっても、怒りを伝えなければいけないケースもあることでしょう。

その際に、大事なことは何でしょうか。

上司のAさんにはBさん、Cさんという部下がいます。以前、Bさんが発注ミスをしたために、本来届くはずの部材が届かず、その後の工程に影響が出てしまいスケジュール通りに生産ができず、お客様ほか、関係者に謝罪をすることになりました。

当然、上司であるAさんがBさんの発注ミスを厳しく叱責しました。またAさんはその頃、他にも問題を抱えていて機嫌が悪く、Bさんに対してかなり強く怒りました。Bさんは必要以上に強く怒られたと思っており、そのことについて非常に強い不満をもっていました。

一方で、最近になりCさんも同じようなミスをし、お客様や関係者に迷惑をかけました。本来であればBさんと同様に厳しく叱責される事柄でしたが、どういう訳か上司のAさんはCさんに対して、厳しく叱ることもなく、「次から気をつけて」と軽く注意をする程度でした。

これを見たBさんとしては納得ができません。なぜ、自分にはあれだけ強く怒っておきながら、Cさんに対しては不問ともいえるような対応なのか疑問をもち、またAさんに強い不信感を抱きました。

同じようなミスをしても、この人がやっても許すが、こいつがやったら許せないというのでは**怒りに一貫性があるとはとてもいえません。**

そのような怒り方をしていれば、部下からの信頼を得ることはできませんし、職場は不機嫌で働きにくいものになってしまうでしょう。

怒る際は、その理由が正当かどうかはもちろん大切ですが、「一貫性があること」も重要なのです。「上から下」へ怒る場合は、なおさら、です。

そして、この「怒りに一貫性をもたせる」ときにやってみてほしいことが「書くこと」です。

P.110で、「アンガーログ」という方法をご紹介しました。このアンガーログをもとに、「怒りの基準」を明確にするトレーニングをするのです。

まず、アンガーログをつけ、それをふり返りながら、自分が下の立場の人に怒ってしまいがちな「内容」や「強さ」「怒ったポイント」などの傾向をつかみます。

そのうえで、「時間にルーズだと怒りやすい」「利益を考えない行動をすると怒りやすい」「お客様より効率を重視すると怒りやすい」「自分の頭で考えない行動に怒りやすい」など自分の怒りの傾向を分析するのです。

そして、**その怒りは正当なもの、かつ、自分が大事にしたい価値観かどうかを検証**してみてください。

結果、正当かつ大事だと感じたことのみ、部下や子どもなどに対して怒ってもいいでしょう。

こうして怒りに一貫性をもたせることはとても大切なことです。

自然のままに「上から下へ」と垂れ流される怒りには、人は不快感を抱きがち。
どうしても怒る際は、「一貫性」を意識する

「下から上」へ怒るときには、「落差」を利用する

自分の大きなミスは隠すくせに、部下のミスはみんなの前で大きくあげつらう上司がいます。

あるいは、いつも報告をろくに聞いてもいないのに、ちょっと他部署との間で問題が起こると「俺は聞いてない！」と怒りだす上司がいます。

いずれも、腹立たしいことこのうえない存在です。

しかし、問題は、自分より立場が上のため、理不尽であっても、そうそう怒りづらい状況だということです。

こういう場合はどうしたらいいでしょうか。

ある雑誌で、元外交官の佐藤優《まさる》さんの記事を読んで、「なるほど！」と参考になった一例があります。

佐藤さんは、先輩の外交官から次のように教えられたそうです。

「話すときの声量は必要最小限にすることだ。（中略）普段から、大声でわめきちらしていると、いざというときに怒鳴っても迫力がない。人間の迫力は普段との落差から生まれる。それだから、怒鳴ったときに効果があるように、普段は必要かつ十分な音量で話す習慣を身につけておく必要がある」（「週刊東洋経済」2016年2／13号）

これは、「下から上」へ怒りを伝える際にも参考になります。

普段は、部下としてなるべく穏やかに話すようにします。多少、上司にムッとすることやカチンとくることがあっても平穏を保つように努めます。

けれども、不当な扱いを受けたとき、無茶な要求をされたとき、ここぞというときにかぎって「イヤです」「やめていただけますか？」などといつもより大きな声で、強い調子で伝えるのです。

普段との落差があるために、上司もハッとなって「まずい！」と思い態度を改めるケースが多いのではないでしょうか。

そしてこれは、声の調子や音量だけの話にかぎりません。「人間の迫力は普段との落差から生まれる」のは、態度も同様でしょう。

たしかに、**しょっちゅう反抗したり、たびたび怒る人は、周囲の人間もその怒りに慣れてしまうようなところがあります。**

けれども、**普段は怒らない温厚な人が怒ると、それだけで、ハッとしたりするものです。**

> 怒りの迫力は、普段との「落差」から生まれる。
> 普段は、小さなことでイライラせずに、努めて穏やかにする。
> ここぞというときにだけ、大きな声ではっきり怒る

心底腹立たしい思いは、細分化してポイントをしぼる

怒りが大きくなると、「何もかもが腹立つ」といった状況になることもあります。

例えば、共働きの夫婦で夫が家事育児を手伝ってくれないことが不満に思っている妻の場合です。夫がテレビを観ていたり、のんびり食事をする姿にも妻は、腹が立ちます。それが高じると、たとえ仕事で帰宅が遅くなったとしても、「もう少し仕事を効率よく終わらせられないの！」とムカついたりなどして……。

もう一つひとつの動作にも怒りがこみあげてくるそうです。

そうした場合、私は、「怒りを細分化し、怒るポイントをしぼってください」と言

っています。

ポイントは2点、「①怒りの細分化」と「②怒るポイントをしぼる」です。

まず、怒りを感じる夫の行動を細分化するのです。

妻の夫に対する怒りは、一言でいうと、「家事育児を手伝ってくれない夫に腹が立つ」です。その一言で終わってしまう怒りを、まず、細分化するのです。

「テレビを観ている」「食事をゆっくり食べている」「家へ帰ってくるのが遅い」「洗濯物がたまっているのに気づかない」「子どもが泣いているのに起きない」「ゴミ出しのやり方が下手」など**細かくていいので、とにかく書き出します。**

そして、**それを見ながら、今度は「怒るポイント」をしぼるために、マトリクスに当てはめていきます。**その際は、「自分で変えられること」「自分で変えづらいこと」を縦軸に、「難易度が高いこと」「低いこと」を横軸にとります。

「テレビを観ている」「食事をゆっくり食べている」は「自分（夫）の意思で変えやすいこと」です。一方で、「子どもが泣いているのに起きない」というのは、寝ているときの無意識状態のため、自分の意思で変えられますが、難易度は高そうです。

また、「洗濯物がたまっているのに気づかない」は、洗濯カゴにある量で判断できるので自分しだいで変えられますが、「ゴミ出しのやり方が下手」というのは、妻の納得レベルまで行くかどうかが判断基準なので、相手しだいな面があります。

「家へ帰ってくるのが遅い」のは、上司や会社の都合しだいな面があるので、自分の意思では変えづらいといえます。かつ「早く帰るために仕事を減らしたい」といっても、すぐには減らせないので、難易度は高いといえるでしょう。

こうした観点で、「怒り」をマトリクスに当てはめていき、左上の「自分で変えられる。かつ、簡単なこと」から夫に冷静に不満を伝えるのです。

怒りを整理せずに一緒くたにぶつけられては、受け止める相手も困ります。

「怒りを細分化し、ポイントをしぼる」というコツを大事にしてみてください。

怒りが大きくなりすぎて、まとまりがつかない場合は、
怒りを細分化して、それを分類する。
そのなかから、変えやすいものを選別して相手に伝える

怒りを細分化し、マトリクスにはめこむ

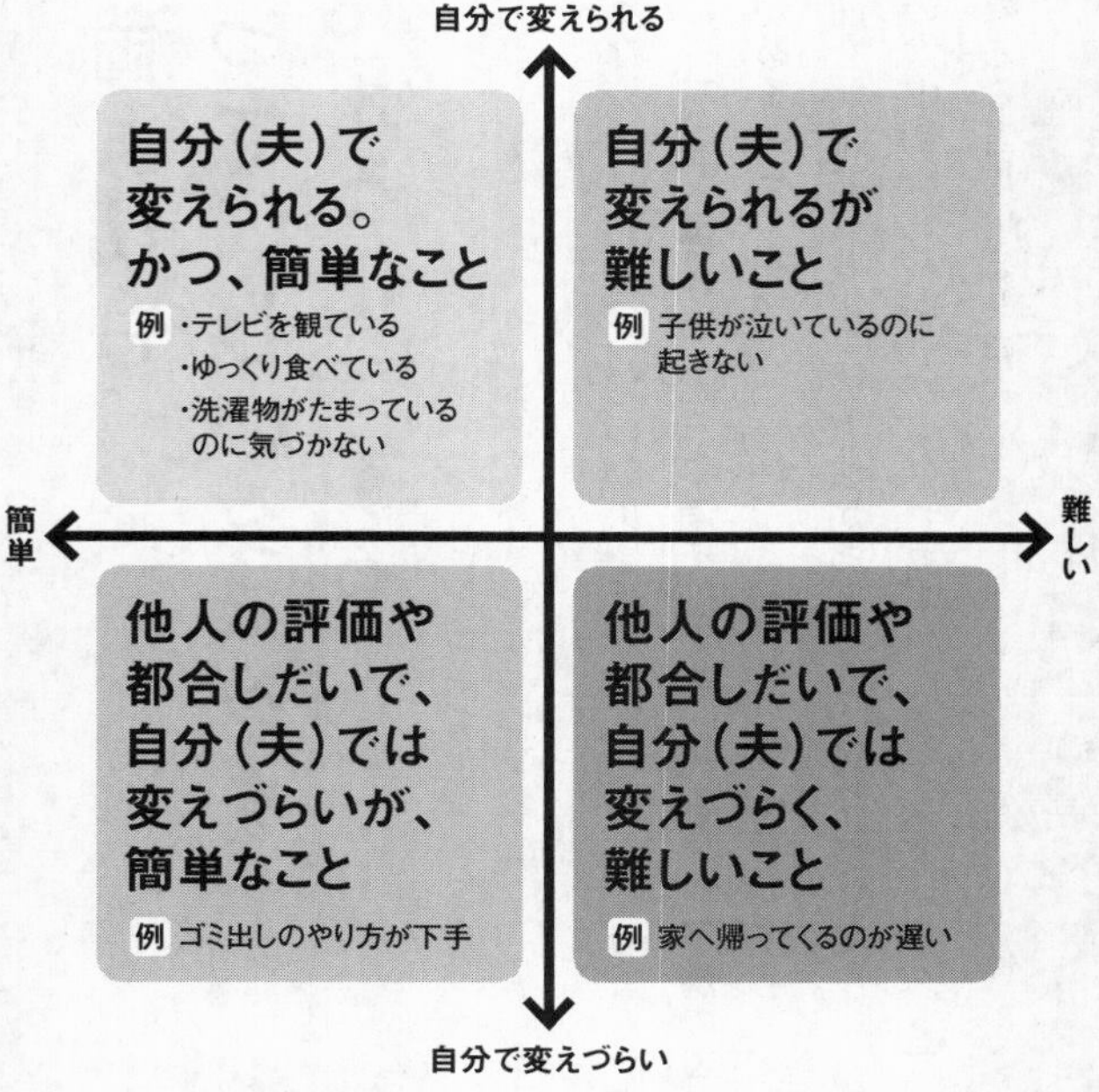
自分で変えられる
自分（夫）で
変えられる。
かつ、簡単なこと
例 ・テレビを観ている
・ゆっくり食べている
・洗濯物がたまっているのに気づかない
自分（夫）で
変えられるが
難しいこと
例 子供が泣いているのに起きない
簡単
難しい
他人の評価や
都合しだいで、
自分（夫）では
変えづらいが、
簡単なこと
例 ゴミ出しのやり方が下手
他人の評価や
都合しだいで、
自分（夫）では
変えづらく、
難しいこと
例 家へ帰ってくるのが遅い
自分で変えづらい

不満よりも、やってほしいタスクを「見える化」する

前項のような方法は、ある一定の効果を得られますが、一方で、マイナス面もあります。それは、**「不満を書き出す」「不満を伝える」ことで、不満のぶつけ合いになってしまう面があるからです。**

そうした面を解消するのにいい方法があります。

ライターの犬山柴子さんが、ウェブマガジン「ママスタセレクト」で書いていた方法が参考になるなと思いました。

犬山さんも、夫に対して「もう少し分担してくれないと仕事と家事育児の両立なんてできない！」と怒りがたまった経験があるそうです。

しかしそれを伝えたときの夫の返答はというと、「俺、けっこう分担できてると思うんだけど」でした。唖然とした犬山さんですが、賢明な方です。そこで「怒る」という選択をせずに、あることをしたそうです。

それは、P. 139の図のような家事育児タスクの「見える化」です。

横軸は「夫婦のどちらがメインでそのタスクを行っているか」、縦軸は「タスクが発生する頻度」です。

それを書いてみると、妻のほうの比重が重いのが一目瞭然。その紙を見せられた夫も、ぐうの音も出ず、納得したそうです。

さらに、犬山さんはその用紙を冷蔵庫に張り、図の右下「妻の仕事になっている不定期のタスク」から手伝うようお願いしたそうです。

その結果、夫は、妻がイライラしているときは、マトリクスを見ては自主的に動いたり、あるいは、「この○○のタスクしようか？」と言ってくれるようになったそうです。

この犬山さんの例を見て、「うまいな」と感じたポイントは、**「不満を書き出す」のではなく、「タスクを書き出す」ようにしたこと**です。前項のやり方は、ともすると「不満の見える化」であり、それを見るたびに妻は思い出してイライラしたり、あるいは、夫側は怒られている気分になったりすることもあります。

けれども「タスクだけを書き出す」のであれば、その心配はありません。「手伝ってくれない」という怒りを感じたときに、その図を見たとしても、「思い出し怒り」をせずにすみ、やるべきことだけに注力する思考でいられます。

「不満に思うこと」より「やるべきタスク」
をシンプルに図式化する。
そのうえで、やれるところからやる

タスクを「見える化」し、行動しやすいようにする

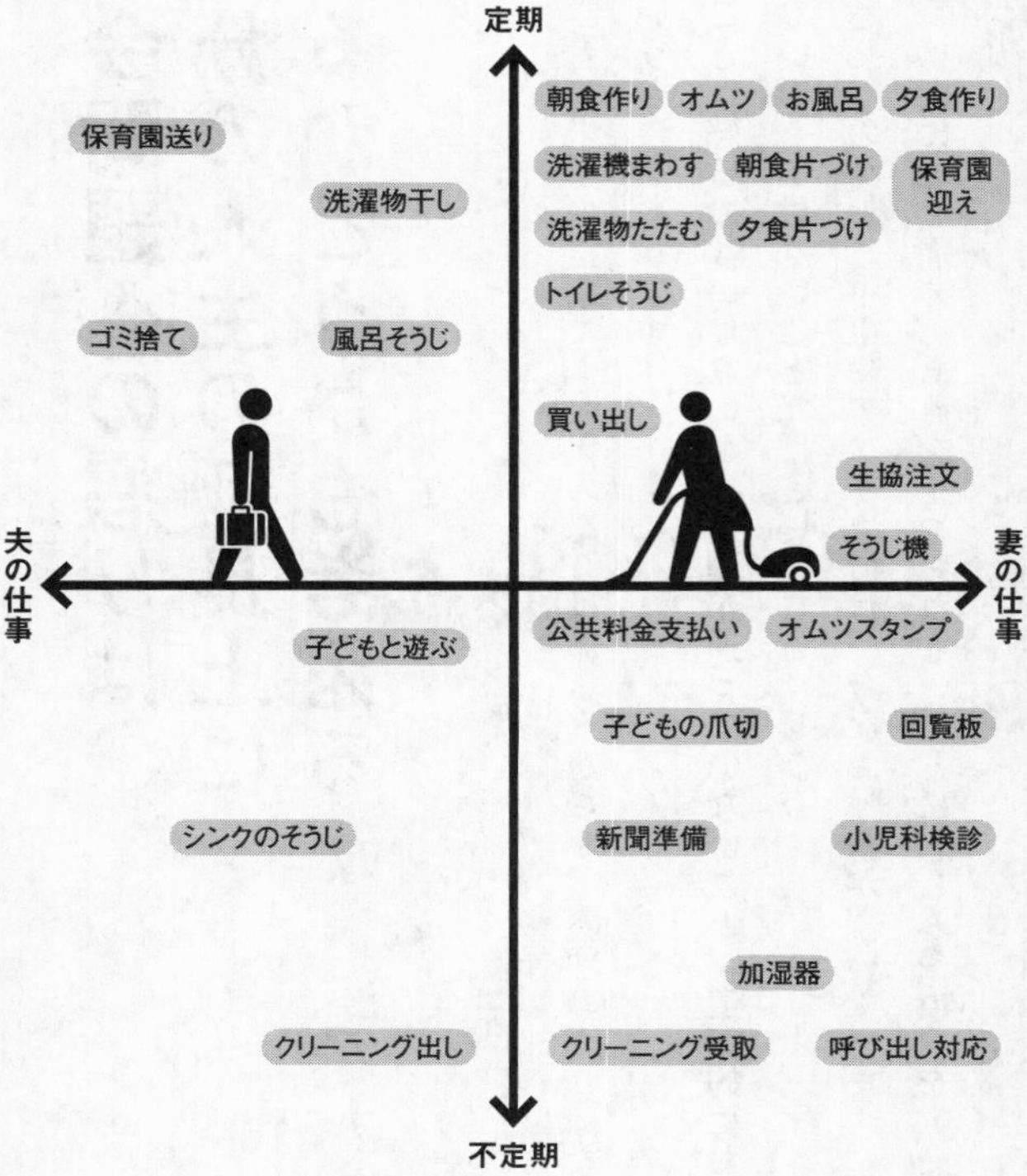

社会問題への怒りは、自分の人生の延長上にあるかどうかも考える

中国の儒学者・朱子の言葉に「血気の怒りはあるべからず、義理の怒りはなかるべからず」というものがあります。

ささいなことに怒るのはいけないが、道理が通っていないこと、道徳的におかしいことに怒らないのもいけないことだ、ということでしょう。

遥か海を越えての海外、中東やアフリカでは、今なお戦争が続いています。

そういった状況に心を痛め、それを止められないことに悲しみや憤りを覚える人もいるでしょう。

そういう「怒り」はあっていい。むしろ怒るべきといえるでしょう。

世界から戦争がなくならない事態に心を痛め、ジャーナリストになったり、政治家になったりする人もいるからです。

「怒り」や「憤り」がきっかけとなり「世の中を少しでもよくしたい」と思って、そういう職業につくのは素晴らしいことだと思います。

とはいえ、一介の会社員が、「世界から戦争をなくすべきだ」とイライラしながら仕事をしていたら、どうでしょうか。

主婦が「世界が平和にならない」と毎日プリプリしながら家事をこなしていたらどうでしょうか。

日常生活に支障が出るはずです。

つまり、**道義的なこと、社会のことに怒りを感じるのは大切だけれども、それが自分の今の仕事や生活の本流を阻害するようになってしまうのであれば、それは本末転倒だということです。**

その「怒り」はもっていてもしかたない面があるので、折り合いをつけて、ある程度を手放す必要があるでしょう。

社会問題に対して怒りをもつことは、社会人として大切なことです。

新聞やニュースを見ながら、「今の政治はなってない」と食卓でちょっと怒るくらいなら、生活の一部です。あるいは、「未来世代のために、環境問題はなんとかしなきゃ」と憤りをもち、エコ活動に取り組むくらいなら健全です。

けれども、それがいきすぎて、自分もイライラする機会が増えたり、まわりの人の不快感が増す機会が多くなるようなら、見直すことも大事です。

その際は、「自分の人生の延長上に、その怒りはあるか」を考えてみるのがポイントかもしれません。

その怒りは、「自分の人生の延長上にあるか」を考える。
社会問題に怒りをもつことは大事だが、
自分やまわりの人生も大切にする

第4章
「怒りたいのに、怒れない」と悩んでいる場合

怒っても、なぜか嫌われない人の特徴を考えてみる

アンガーマネジメントの研修やセミナー、講演を数多くしていて気づいたことがあります。それは、「怒りたいのに、怒れない」という悩みを相談にくる人が多いということ。

必要以上に他人に怒りをぶつけてしまう人がいる一方で、「上手に怒れない」と悩む人が、日本人には特に多いなと感じます。

この第4章では、日本人にありがちな悩み「怒りたいのに、怒れない」というテーマについてお話ししていきたいと思います。

ます。

なぜ、「怒りたいのに、怒れない」のでしょうか。

怒れない人に「なぜ、怒れないいんですか？」と聞くと、こういった答えが返ってき

・怒れば人間関係を壊してしまう
・怒ることで嫌われたくない
・怒った相手に悪い気がする

つまり、怒ることで相手によくない印象を与えたり、嫌われたり、人間関係を壊したりしてしまうのではないかと恐れているのです。

結論から言うと、この「答え」をもう一度疑ってほしいのです。この「答え」は、「思い込み」だったりするケースも多いからです。

アンガーマネジメントでは、「～するべき」「～は絶対～だ」といった、固定化した考え方を「コアビリーフ」と呼びます。コアビリーフとは、事実かどうかはともかく

として、少なくとも自分は正しいと思い込んでいる価値観のことです。

怒りたいのに、怒れない人は、「怒ることは、対人関係でマイナスの結果を引き寄せる。だから怒ってはいけない」が強いコアビリーフとなっているのです。

もちろん、「怒る」ことが「マイナス」になることはあります。

けれども、**「怒る」ことで、「自分の感情が伝わる」「理解が深まる」「理不尽な対応をつっぱねることができる」などの「プラス」の面も世の中にはあるのです。**

そうした「怒り」の両面性を理解せずに、「怒ってはいけない」と強く信じてしまっていることが「怒りたいのに、怒れない」という状況を生んでいるのです。

では、どうすれば怒れるようになるのでしょうか。

それは、「怒ってはいけない」というコアビリーフを「怒ってもいい」に変えることです。

とはいえ、急にコアビリーフは変えられないという声も理解できます。

そういうときに私は、「試しに、次のようなケースに当てはまる例を考えてみてください」という話をします。

「怒っても壊れない人間関係のケース」

「よく怒っているのに、なぜか嫌われない人のケース」

「怒られた相手が、あとから感謝したケース」

そう、**怒ることのプラス面を考えてみるのです。**

こういったケースを何度も何度も考えてみると、やがて「あ、こんなことを怒っていいんだ」「ああいう怒り方もあったんだ」と発見があるはずです。

そのうちに、「私も、このケースなら怒れるかも」と思えるようになれば、徐々にコアビリーフの変化につながるはずです。

何があっても「怒ってはいけない」は思い込みにすぎない。
「怒ってもいい」というコアビリーフに変えるために、
怒ることのプラス面を考えてみる

実際に怒ることで「怒りたければ、怒ってもいい」と気づく

そうはいっても、「怒ってはいけない」という価値観（コアビリーフ）を、「怒ってもいい」に変えることは、すぐには難しいこともあります。

そういう場合は、別の方法を試してみてください。**「価値観を変える」もう一つの方法に、「行動を変えることで価値観を変える」があります。**

「運動が苦手」という人の価値観を変えるには、まずは、どんなジャンルのスポーツでもいいから運動してみることです。すると、「野球やサッカーは苦手だけど、水泳は楽しく感じた」なんてことがあるものです。

食べ物の好き嫌いをなくすには、まずは調理を工夫して、その食べ物を食べてみることです。生では食べられないけど煮物だと食べられるなどの発見があったりします。

価値観を変えるには、行動から変えるのが効果的であることも多いのです。

よって、「怒ってはいけない」という価値観を強くもっている人は、まずは、どんなことを対象にしてもいいので、「怒る」ことから始めてみるのも一つです。

怒ってみる場合は、大きな不満からではなく、まずは、小さな不満から怒ってみることをおすすめします。

そもそも「怒りたいのに、怒れない」人は、他人のわがままや理不尽な言動を、ぐっと飲み込んでしまいがちです。つまり「怒ってもいい」と感じるハードルが人よりもずっと高いのです。

だから**「怒ってもいい」と感じるハードルを下げてみるというイメージです。**

具体的には、自分なりの「怒りたいのに、怒れない」ケースをいくつかあげてみて、どう怒りを伝えてみたいのかも考えてみます。

・やる気のない部下が、仕事の多い時期に他の同僚に仕事を押しつけてでも一人で定時に帰ってしまう場合、「忙しい時期だから、もう少し仕事をしていってくれないか。君にもいろいろ予定はあるだろうが、他の人もそれは同じだろうから」と怒りたい
・普段から「お金がない」と言っているわりには、スーパーでムダなものを買ったり、同じような服ばかり買ってしまう妻には、「本当に必要なものだけを買ってみるのはどうかな?」と怒りたい
・時間にルーズで会議の時間をよく変更する上司には、「現場の人間は、忙しい時間をやりくりして時間を空けています。その変更による個々人の損も考えていただけないでしょうか」と怒りたい

このように、怒れなくてストレスをためていることをいくつかあげてみます。そしてそのなかから「比較的怒りやすそうなこと」を選んで、相手に怒りを伝えてみるのです。すると、意外と「ごめんなさい。気をつけます」とか「ごめんよ。なんだ、早く言ってくれればいいのに」と相手から言われることもあります。

あるいは、伝えたときは思わずムッとした相手も、あとからよく考えてくれて態度

を変えてくれることもあります。

もちろん怒りを伝える際は、怒鳴ったり、キレたりする必要はありません。「私は〜に不満をもっている」「私は〜に怒っている」と冷静に伝えるだけでいいのです。

怒りはある意味「私はこう思う」を伝える意思表示でもあります。賛同を得られることもあれば、得られないこともあるでしょう。

けれども、**伝えてみなければ賛同を得られるかどうかすら、わからないのです。**

だから、勇気を出して、まずは「怒る」に挑戦する。

「怒りたいのに、怒れない人」ほど、実は、「実際に怒ってみる」ことが有効だったりします。

怒ってみて初めて「怒ってもいい」とわかったりする。
「怒りたいのに怒れない」ケースの怒りポイントを書き出し、
怒りやすそうなものから一つ、二つを怒ってみる

愚痴は、イヤな出来事を脳内で再現すること。なるべく言わない

「怒りたいのに、怒れない」という怒りを抑え込む性質のある日本人にとって、よくやってしまいがちなことは「愚痴を言う」ことです。

けれどもこれは結論から言うと、やめたほうがいいというのが私の考え方です。

というのも、**同じことを繰り返し言うのは、英単語を覚えるのと一緒で、記憶に定着させることにつながるからです。**

つまり、イヤだと思っていることを繰り返し言うことで**「イヤな思いが自分の中に定着する」ことにつながるのです。**

例えば、隣の席の先輩が、監視するように自分の仕事に口を出してくるとします。うっとうしいなとは思いますが、端から見て、明らかに悪意ある口出しともいえません。しかも、相手は先輩です。

「イヤだな」と思う気持ちが積もり積もってはいるものの、「やめてください」とまでは言えない状況です。

こうした場合、友人との飲みの席や家に帰ってから、「隣の席の先輩が、本当にうざくて。今日もこんなにめんどくさいことを言われたんだ」と愚痴を言ったとします。すると、必然的に今日起きたイヤな出来事を脳の中で再現することになります。

こうした経験が重なれば、どうでしょうか。

先輩に対して感じたイヤな思いを、実際の経験の何倍も味わわなければいけなくなるのです。

結果、「先輩がうっとうしい」というイヤな感覚が頭の中に染みついてしまい、結局よけいに先輩の行動が気になってしまうことにつながるのです。

ですから、なるべく愚痴を言わないことをおすすめします。

もし、誰かに言いそうになったら、自分が今夢中になっている趣味の話や相手が好きなテレビ番組の話をふるなどして、頭の中に愚痴を言いたくなる出来事を考えるスペースをつくらないようにしましょう。

もし、どうしても口に出さないとつらいというときは、「一回だけ言わせて。5分ですますから」というように、時間を区切って一回だけにとどめるといいでしょう。

愚痴は、イヤな感情の追体験になる。
どうしても吐き出したいときは、短時間に。
なるべく日常生活からは追い出す

イライラすることで、大変さをアピールするのはやめる

「怒りたいのに、怒れない」タイプの人がやってしまいがちなことがあります。

それは、「イライラした態度をとることで、自分が怒りたいということに気づいてもらおうとする」ことです。

けれども、**それは自分にとってもまわりの人にとっても、健康的かつ建設的な態度とはいえません。**

例えば、気が利かない、仕事もできない部下に、怒りたいけど怒れない上司がいる

とします。けれども、イライラしながら仕事をされたのでは、他の部下も仕事がやりづらくなります。

明らかに理不尽で態度の悪いお客様に対して毅然とした態度をとれないスタッフがいたとします。そのスタッフは、その代わりにイライラしながら接客します。けれども、詳しい事情を知らない他のお客様からしたら、「大丈夫かな、このスタッフ」と思います。お店の評判にもかかわります。

あるいは、図々しい性格で、しかもこちらが怒ったからといって変わる様子もないタイプの義母に対して、怒れない嫁がいるとします。「怒ってもムダ」とわかっていても割り切れず、会うときはつい不機嫌になってしまっています。これでは、夫や子ども、義父も気をつかわなくてはいけません。

これらのケースでは、自分もそうですが、まわりの人が困った状況に陥ってしまいます。そして、それがめぐりめぐって、結局は自分の不利益になることも少なくありません。

どうしても怒れない状況はあります。怒っても変わらない人もいるでしょう。

けれども、その「怒りたいのに、怒れない」気持ちをイライラした態度に出してしまったら、無関係の人、もっといえば、味方になってくれる人や大事な人にも、その害が及んでしまうのです。

どうしたらいいでしょうか。

「イライラ」も「怒り」も、シンプルにいえば、

「私は大変な思いをしている。それをわかってほしい」

「私は今のままだとはっきりいって苦しい。変えたい」

そういった思いを抱えているということです。

それならば、**「大変な思い」「苦しい思い」を別の方法で癒すことを考えてみてはいかがでしょうか。**

「怒りたい自分の気持ち」の根底にある「苦しい」「大変」な思いを癒すだけでも、だいぶ状況は変わります。

例えば、私の知り合いのビジネスマンで、「怒りたいのに、怒れない」、そんな状況に陥りがちな苦手な得意先に行くときは、その前に営業の合間をぬって「一人カラオケ」に行くそうです。「さぼる」という人もいるかもしれませんが、苦手な営業先で

イライラした態度をとるよりは全然ましだと思います。

あるいは、別の知人女性は、不仲な義母の家に行く前には、必ず美容院に行って、ストレスを減らしてからにするそうです。

この例のように**自分の根底にある「大変」「苦しい」という思いが少しでも癒される方法、自分自身がラクになる方法を考えるのです。**

「怒りたいのに、怒れない」というイライラを態度に出してしまいそうになるときは、不満を別の方法で解消するのも、それはそれで一つの手ではあるのです。

「怒りたいのに、怒れない」不満をイライラした態度でわかってもらおうとしない。
不満は自分なりの方法で解消しておく

「怒っても私は許してもらえる」という甘えをもつ

「いつになったら私の望むレベルの資料ができるんだ」と言っては、何度もやり直しを要求する上司がいます。しかも「明日までに」などと平気で言ってくるとします。

Aさんは、「『私の望むレベル』ってなんですか？　事前に具体的にお教えください。でないと私も困ります」と主張します。

Bさんは、「わかりました」と言うものの不満を抱えます。「また、ダメ出しだ！　本当にあの上司は、ムカつく。でも、私のどこがダメなんだろう。私って才能ないのかな」と落ち込みます。

Aさんに比べてBさんは、「怒りたいのに、怒れない」性格です。

Bさんは、ある意味、我慢強いのです。「できない私が悪い」「できないなんて言うのは甘え」という厳しい努力家の面があるともいえます。

けれどもこうした一面は、**「自分が悪い」「自分の実力が足りない」「自分の努力が足りない」という自分への責めにつながってしまいかねません。**

自分のなかで生まれたイライラや不満を相手に伝えられず、出どころがないために、自分へと向かってしまうのです。

これが行きすぎると、ストレスで体を壊したり、心の病になったりします。本来、自分を守るはずの「怒り」の感情が、自分を害することにつながってしまうのでは、本末転倒です。

一方で、Aさんのように、ちょっとしたことでも「指示がわかりません」とはっきり主張したり、「私はできません！」と不満を言える人は、**「怒っても私は許してもらえる」「自分の思いをはっきり言ってもいい」という甘えがあります。**人間関係においてある程度の「甘え」があることは生きやすさにつながります。

だから、もしBさんのように厳しい努力家の一面、他人に甘えられない性格がゆえに怒れない人であれば、無理に怒ろうとしなくてもいいでしょう。

それよりは、「他人に甘えること」「他人に感情を素直に出すこと」を実践してみるほうが大事です。他人への信頼感を高めるといってもいいでしょう。

例えば、上司から冒頭のように厳しく言われた場合、「どこが悪いかわからないと困る……」と思うのであれば、「私、困るんです」と口にしてみてください。

あるいは、「どうみても望むレベルまでは難しいな」と思うのであれば、「難しいと思うんです。私はできません」と素直に意見を言ってみる。

こうした経験を積み重ねることで、だんだんと「イヤだと思ったら怒ってもいい」「ひどいと思ったら怒ってもいい」と思えるようになるものです。

怒れる人は、他人に甘えられる人でもある。
「他人に甘える」「素直に感情を出す」ことで
「怒ってもいい」という価値観になる

改善点は、「今度から」という言葉を添えて、具体的に伝える

「怒りたいのに、怒れない人」は、「どうやって怒ったらいいのだろう」「どこまで言っていいのだろう」などと言い方を考えているうちに、タイミングを失ってしまいがちです。結果、ストレスをためてしまうのです。

けれども、怒りをのみ込み黙っていても、状況は変わりません。

その状況を変えたいのであれば、「怒りたいのに、怒れない相手」に対して、具体的に何をどうしてほしいと思っているのかを伝える必要があります。

例えば、部下に対して「怒りたいのに、怒れない」と感じている場合です。怒る目的は、相手に、「自分の気持ちや要望をわかってもらうこと」です。

ですので、不必要に声を荒らげたり、怒鳴ったりする必要はまったくありません。「こうしてほしい」と思うことを、具体的に、手短に、明確に伝えればよいのです。

例えば、上司である自分との面談に連絡も入れずに部下が遅れてきたとします。その理由をきくと「得意先に行っていたからです」と答えたとします。

上司の怒りポイントとしては、「遅れるなら、得意先を出るタイミングで電話くらいはできるだろう」ということ、もっといえば「得意先に行くということを事前に報告してほしい」という2点でした。

であれば、

「今度から、得意先での滞在が長引いて面談に遅れそうなときは、得意先を出たらすぐに連絡を入れてくれないか」

「今度から、私との面談の日に得意先に行く場合は、事前に言っておいてくれないか」

という言い方をすればいいのです。

ポイントはいくつかありますが、**まず大事なのは「今度から」という言葉です。**「怒りたいのに、怒れない人」が、怒りをためて爆発させてしまったときにとりがちな行動があります。

それは、「なんで、君は報告しないんだ」とか「どうして、電話一本入れられないんだ」などと**「なぜ」や「どうして」と理由をきいているようで、結局は責めているだけという言動です。**

こうした言動を避けるためにも、「今度から」という未来志向の言葉を添えて要望を伝えてみてください。前述したように、怒りを伝える際は、「未来のことを語る」ほうが建設的です。

さらにそのうえで、どうしてほしいかをなるべく具体的に伝えることです。「何に関して」「いつ」「どのように」伝えてほしいのか、具体的に指示するようにします。

例えば、「得意先での滞在が長引いたら」「得意先を出たらすぐ」「電話で報告してほしい」というように。

できたら、「なぜそうしてほしいのか」という理由も伝えるとよいでしょう。

「面談に間に合わない場合、早めに連絡をもらえれば、他の人とスケジュールも変更できるから」とか「後ろの予定の人に迷惑をかけないですむから」などと言えば、部下にも、報告する必要性が理解しやすいでしょう。

「今度からこうしてほしい」ということを具体的に伝えること。

そして**「なぜ、そうしてほしいのか」の理由をきちんと添えること。**

基本的にこの2つを押さえることから挑戦してみてください。

「なぜ〜できないんだ」と理由をきくふりをして、相手を責める言動はとらない。

「今度から〜してほしい」と未来志向で伝える

短い時間で適切な言葉を選ぶ練習をする

ある大物芸人さんが司会のバラエティ番組に出演させていただいたときのことです。

テレビ番組という限られた時間のなかで、できるだけ誤解のないように、多くの人に伝えることはなんと難しいことか、とあらためて感じました。

例えば、今この本に書いている内容を、ほんの4、5行にまとめ、限られた短い時間内で言い、視聴者に理解をしてもらうには、すごく工夫がいるのです。

「どういう言葉を使えば、人の気を引き、伝わるのか」ということを強く意識します。

だから、スタッフの方とのやりとりでは、言葉選びを何度も打ち合わせます。「今の言葉よりも、さっきの言葉のほうがいいですね」「その表現だと視聴者には伝わらないです」「もう5秒短くしゃべってください」などとスタッフの方からも細かい指示がきます。

彼らは、いかに伝わるか、キャッチーであるかを徹底しているのです。

とはいえ、「キャッチーにするために、誤解される表現を使ってしまう」のを避けたいというのが、怒りの専門家としての私の本音です。

言わば、「人の気を引くためにキャッチーな表現にしたい」テレビスタッフの側と、「そうはいっても正確に伝えたい」という私の戦いだったりするのです。

そんな彼らと仕事をすることは、私にとってとても勉強になります。

というのも、怒りを伝える際に「言葉選び」はとても重要だからです。

「怒りたいのに、怒れない」という人は、ボキャブラリー（語彙）が少なかったり、選び方が下手なことが原因のこともあるのです。

怒っているときに「おまえは」と言ってしまう人がよくいますが、それを「君は」と言えるだけでもだいぶ印象が違うと思いませんか。

ちょっとした言葉一つで変わってくるのです。

ですから、**言葉の選択の技術を磨くことは重要です。**

「怒り」という感情も、いろんな表し方があるものです。

そんなに怒っていないのに、「私が憤怒を覚えたのは……」などという言葉は使いません。「私がイラッとしたのは……」くらいの表現が適切だったりします。

常日頃から「自分の怒りの強さや内容」と「それに合うと思った言葉」が、適切かどうかを意識してみてください。怒りの表現のボキャブラリーを増やす努力もおすすめします。

また、**なるべく自分の気持ちを、短い時間で話せるように練習してみるのも大切です。**

怒っているときには、つい発言が長くなりがちです。思いがほとばしってしまい、聞いている側からしたら「くどい」と思われるくらいになりがちです。

そういう場合は、「怒りたい相手」が目の前にいると想定して、時間を計りながら話す練習をしてみるといいでしょう。

例えば、はじめは何も考えずに伝えてみて、発言時間の長さを計ります。

次に、伝えたいことを整理してみて、約半分の長さで伝えられるかどうかに挑戦してみてください。

これだけでも、的確に論点をしぼって相手に伝える練習になります。

「短い時間に、適切な言葉を選ぶこと」

これは、怒りを上手に伝えるのにとても大切なことだと、テレビ出演を通じて気づかせてもらいました。

ボキャブラリー（語彙）を増やしてみる。

そして、その表現が自分の気持ちと

「しっくりくるかどうか」を常日頃から意識しておく

時間を置かずに、主語を「私は」にして、不満を伝える

「本当に怒ったほうがいいと思うことは、怒るべきだ」と、私は思っています。

ただ、怒りを伝える「タイミング」は考えたほうがいいのです。

例えば、ある部署でなかなか結果を出せないまま、異動になった人がいます。

異動になってすぐに、あるプロジェクトを大成功させました。その成功のお祝いの飲みの席のことです。

「前の上司は、本当にひどかった。企画書は細かいダメ出しばかりで全然通してくれないし、部下に対する態度もぞんざい。その割には、自分はまったく商品知識を勉強

してこなくて……」と批判しだしたのです。

これは、怒りの出し方としてはよくないといえます。

「怒りたいのに、怒れない人」は、ついついため込んでしまって、あまり望ましくない場面で出してしまいがちですが、その典型的な例です。

けれども、このケースのように、異動先で成功したとたん、古巣の上司の不満を言うような態度は、たとえ古巣の上司がその評判どおりの人物だったとしてもやめたほうがいいでしょう。

成功してから誰かを批判する行為は、あまり好ましいとは思われないからです。

怒るときは、**基本的に「怒りを感じた瞬間からあまり時間を置かない」のがベスト**です。

「前から思っていたんだけど……」という一言はなるべくなら避けてください。

なぜなら、怒らせた本人は、詳細を覚えていないことも多いからです。結果「そのときに言ってよ」となりがちだからです。

もしも、その場で言えなかったときは、どうすればいいでしょうか。

そのときは、言うのをいったんやめておいて、次の機会を待ってください。

そして、「次に同じことがあったらこう言ってみよう」という具体的な内容を決めておくといいでしょう。

さらに念を入れるならば、言うときには、「言いにくいことを言うんですけど」「私のあくまで個人的な感情ですが」などと、**クッションとなる言葉を前にはさんでみてください。**

その場合、あくまでも、「言いにくいことを言う」「イヤなことを言ってしまうかもしれない」など、相手に心構えをさせる一言を選ぶのがおすすめです。

また、「私のあくまで個人的な感情ですが」「私の素直な気持ちですが」などと、「一般論」ではなく、「私」を出すこともポイントです。

「遅刻すべきではない」

「言い訳するなんて社会人としてなってない」

といったように、一般論、「～すべき論」で話すと、聞いている本人はイヤな気になりがちです。説教されている気分になってしまうのです。

「私は遅刻されると困るんだけどな」

「私は言い訳されるのが、あまり好きではない」

となるべく**「私は」を主語にして伝えてみてください。**

聞いている本人としても、「私は〜思う」なら、あくまでもあなたの意見なので、聞きやすいものです。

こうしたポイントは、小さいことかもしれませんが、積み重なれば大きいものです。

「怒りたいのに、怒れない人」にとっては、覚えておいて損はないポイントです。

怒りは、感じたときから時間を置かずに伝える。
その際には、相手に心構えをさせる一言をはさんだり、
「私は」を主語にして伝えるなどの工夫をする

反省するより、自分の選択を正解にする努力をする

Aさんは、ある仕事を80万円で請け負いました。けれども、仕事を仕上げたあと、取引先の担当者Bさんから「製作費が足りず、20万円ギャラを下げさせてください」と一方的に言われ、しぶしぶそれをのみました。

しかし、あるとき、同じ取引先の別の人から、Bさんが単純にAさんへの発注金額を間違えて「60万円」と上司に報告してしまったため、上司に怒られるのがイヤで、Aさんのギャラを値下げしたのだという話を耳にしました。

そのためAさんは、Bさんに、なんとか最初の金額どおり80万円にしてもらえない

かと、怒りを抑えて、冷静にお願いをしました。

けれどもその際、驚くことにBさんは逆ギレをしてきたのです。「Aさんの仕事ぶりが悪いから値下げした」とまで言ってきました。

あまりのことに、びっくりしたAさんは、「いいかげんにしてください。とにかく80万円でお願いします」と声を荒らげて伝え、席を立ちました。

さて、この話で悪いのは、もちろんBさんです。Aさんは被害者です。

ですが、Aさんは怒ったあとで、「あんなふうに声を荒らげたのはやりすぎだろうか」「もう少し言い方があったかもしれない」と反省してしまいました。「もし、めんどくさい相手と思われて、仕事がこなくなったらどうしよう」と不安にもなってしまいました。

日本で研修やセミナーをしていると、Aさんのように悩む人の話を聞く機会は、決して少なくありません。

とはいえ、Aさんがしたように強く主張しなければ、ギャラは80万円にはなりません。ただ、今後の付き合いを切られる可能性もあります。

あるいは、主張してもギャラは60万円のまま、あげくに付き合いも切られるという最悪のパターンもあります。

はたまた、最悪のパターンも考え、今後の付き合いを思って泣き寝入りすることも一つの道です。ただ、その場合、ギャラは60万円のまま、さらには今後、足元を見られて低い金額を提示されることも予想されます。

どのパターンが正解でしょうか。

私には、どれが正解かはわかりません。

どれを選んでも後悔や反省はあります。

人生には、どれを選んだほうが正解かわからないことは、たくさんあるものです。

けれども現実には、どれか一つの道しか選ぶことができない。

だから、結局、「怒る」であれ、「怒らない」であれ、**自分が選んだ判断を正解にしていくしかないのです。**

なのに、「怒りたいのに、怒れない人」は、往々にして、怒ったことを必要以上に反省したり、クヨクヨと後悔してしまったりしがちです。

自分が選択した道を後悔して自分を責めるよりは、自分が選択した道をできるだけ正解と思えるようになる方法を考えたほうが建設的です。

仕事であれ、プライベートであれ、「ゆずれないこと」は時にあることでしょう。それに伴い、「怒る」ことが必要になることもあります。

そのときに、**自分が下した「怒る」という決断に、必要以上に「反省」「後悔」することは、自己否定につながりがちです。自己否定から生み出されるものはありません。**

「反省」「後悔」するよりは、自分の選択をよりよいものにする努力に時間をかければいいのではないでしょうか。

「怒ったほうがいい」のか「怒らなかったほうがいい」のか、どちらが正解かはわからないことはたくさんある。なら、「怒ってしまったこと」を必要以上に反省しない

第5章

「怒りを生かす人」であるために大切な8つの習慣

「一本筋が通っていること」を大切にする

ＨＯＮＤＡの創業者であり、名経営者の本田宗一郎氏は、怒るときはガツンと怒る、厳しい人物だったといいます。それも時には、時代背景もあったのでしょうが、物を投げつける、殴るようなこともあったようです。

けれども、部下や取引先など多くの人から心底、慕われていたようです。

それはなぜでしょうか。

私は、**「本田氏の怒り方には、一本筋が通っていたから」**だと思います。

本田氏は、怒る際、「人の命にかかわること」「技術に関すること」の2点に関しては、とりわけ厳しかったそうです。

それもっともなことです。HONDAは、バイクや自動車などの乗り物をつくっている会社であり、商品に少しのミスがあっても人の命にかかわるからです。少しのミスでも許すことはできないという信念があったのでしょう。

また、「技術の差」は、売上を大きく左右する事業の生命線です。手を抜かず、技術力を高めよという、経営者としてのメッセージでもあったのでしょう。

なんでもかんでも怒るのではなく、「一本筋が通ること」。

その大切さを、私は本田氏の姿勢から教えてもらいました。

これは、ビジネスだけにとどまりません。家庭でも同じです。

親が子どもを叱る際、「一本筋が通っていること」は重要です。

「あいさつをする」「ありがとうを忘れない」などの礼儀に関してはものすごくうるさい一方で、「宿題を忘れる」ことや「帰宅時間に遅れる」などのことは怒らないで大目に見てくれた場合、親から強く怒られたとしても、子どもには納得感が残るのではないでしょうか。

怒る場合は、一本筋が通っていること。

そしてその筋からはずれるものは、おおらかでいること。

「ぶれない人」「信頼できる人」という印象がある人は、こうした怒り方をします。

「怒りを生かす人」でありたいのであれば、自分の姿勢には、「一本筋が通っているかどうか」と問うてみてください。

信頼される人、人がついてくる人は、

「一本筋が通っていること」を大切にする。

それに合わない不必要な怒りは減らしていく

「怒ったくらいでなくなる人間関係でいいのか？」を問う

本気だからこそ怒り、真剣に自分の思いを伝えたとしても、わかってくれない人は存在します。

たとえば同じ日に生まれ、似たような環境で育った双子ですら、わかり合えなくてケンカするくらいです。ましてや他人なら、意見がぶつかること、ケンカすることは当然あります。その結果、離れていく人もいるでしょう。だから、そうしたことがあっても、気にしすぎないほうがいい。

私にかぎらず、今までの人生、怒りが原因で人間関係がうまくいかなくなった経験がある人も多いでしょう。

その場合、ひどく落ち込んで、反省したりします。

しかし、いったん自分に問うてみてほしいのです。

「あなたが怒ったことによってダメになった人間関係は、そもそも重要なのか」ということを。

自分の素直な気持ちを伝え、そして、軽はずみではなく、真剣に怒ったことによって相手が離れていくのなら、それはそれでしかたない。

こう考えるのもまた、人生にとって大事な割り切りではないでしょうか。

また、それでダメになった人の代わりに、とても相性のいい人がやってくることもあります。

「捨てると手に入る」のです。

「気の合わない人と一緒にいる時間がなくなってよかった」と思って穏やかに過ごしていると、ふと気の合う人が代わりにやってきたりするものです。

「怒りを生かす人」は、こうした割り切りがうまいと感じます。

反射的に怒ったのではなく、真剣に人に向き合ったうえで衝突した結果、離れていってしまった人のことは、必要以上に気にしない。
そう考えられることもまた、人生では大切ではないかと思います。

必要以上に「人とぶつかること」を恐れない。
同じ月日に生まれ、同じように育った双子だって、
わかり合えなくてケンカをすることもあるのだから

「イヤなものはイヤ」と、子どものように純粋に怒る

あなたのまわりに、怒りっぽいのに、なぜか嫌われない人はいますか。

私のまわりにもいます。「どうしてだろう?」と考えていて、気づいたことがあります。

「怒っても、なぜか嫌われない人」を芸能人でたとえると、蛭子能収《えびすよしかず》さんです。

蛭子さんは、テレビ番組を見ていると、意外としょっちゅう腹を立てているし、ささいなことにイライラしています。けれども、それほど不快感を与えてはいないはずです。少なくとも私は感じません。

それは、蛭子さんの怒りは、**「好き嫌いがはっきりしていて、子どもっぽい」**からだと思いました。

正義感を振りかざして怒るのではなく、蛭子さんが怒る理由は、いつもいたってシンプル。

「早く食べたいのに、店員さんの説明が長い」とか「眠いのに、ロケが終わらない」とか「自分のやりたいことの邪魔をする」とか、いい大人が子どものようなことで怒っています。

普通の大人だったら、「大人気ないから」と思って我慢してしまう感情をあらわにしているのです。

自分がやりたくてもやれていないことを、素直に純粋にやっている人に、人は、心のどこかで「いいなぁ」と好感を抱きがちです。

子どものように夢中になって遊ぶ。子どものように素直に喜ぶ。子どものように我を忘れて本に没頭する。子どものように涙をボロボロ流して悲しむ。

同じく、**子どものように、「イヤなものはイヤ」と素直に怒りを出す。**

この姿勢が、「怒っても嫌われない人」に重要な要素ではないでしょうか。

そういう人は、自分にイヤなことをした相手に、その怒りを返します。我慢したあげく、別の人に八つ当たりはしません。

あるいは、怒りをためて健康を害することもありません。一時、パーッと怒って、あとはコロッと忘れて笑います。

また、好き嫌いをはっきり言います。だから、他人の好き嫌いがあるのも当然と思っています。

「怒りを生かす人」には、子どものように純粋な要素もあったほうがいいのだな、と感じます。

「大人気ないから」と我慢しないで、
時には、子どものように素直に感情を出す
ことも大切にする

正当な理由がなくても、仲間のために怒れる人でいる

私が講演会やセミナーで話す際、漫画『ONE PIECE（ワンピース）』（集英社）の話をすることが時々あります。

なぜなら、少年漫画にある怒りは、人から共感を得られやすいからです。

少年漫画の怒りとはどういうものでしょうか。

それは、

「正当な怒りでなくてもいい、仲間のために怒れるかどうか」

ということです。

『ワンピース』を知らない方に大まかに説明すると、主人公のルフィが、海賊王を目指して仲間と冒険を続けるというストーリーです。

主人公のルフィは海賊のリーダーですが、普段はちゃらんぽらんな面もあります。海賊ですが、ニコニコ明るい性格です。

しかし、仲間のためには怒ります。仲間が本気でがんばっている姿を笑われたとき、仲間のピンチのときなど、全力でルフィは怒るのです。

では、ひるがえって私たちはどうでしょうか。

「妻（夫）のために、怒れるか」

「同僚のために、怒れるか」

「部下のために、怒れるか」

このことを、ちょっと考えてみてください。

どんなときでも「怒れる」とはいえない、明らかに正当な理由があれば「怒れる」かもしれないが、そうではない場合は、「怒れない」という人も多いのではないでしょうか。

けれども、正当な理由があるかないかは別として、時には仲間のために「怒る」のは大事だったりするのです。

「仲間のために怒る」ことは、「徹底的に味方になる」ということでもあるからです。

例えば、同族経営の100人以下の小さい会社です。新人のときから10年以上、親身になって指導してくれたできる上司が、理不尽な扱いを受け、経営陣によって追い出されようとするときです。

「会社はひどい！」と憤り、「僕もついていきます」と言って、起業する上司についていこうとしたAさん。

一方で、「争いに巻き込まれたくない。たしかにお世話にはなったけれども、僕にも生活がある」と会社に残ることを宣言したBさん。

どちらがいいかは、一概にはいえません。家庭人、ビジネスマンという観点でみたら、Bさんのほうが冷静で的確な判断力があるという人もいるでしょう。

ただ、「人間的な信頼」という意味では……Aさんのほうが多くの人の支持を得るのではないでしょうか。

親身になって指導してくれ、恩義を感じる上司（仲間）のために、怒っているからです。

一見、自分の生活や仕事状況を冷静に判断して怒りを抑えたBさんのほうが、「怒りを生かす人」だと思う人もいるでしょう。

しかし、**長い人生で見て、あるいは信頼を財産にするという意味では、「仲間のために怒った」Aさんのほうが、「怒りを生かす人」ということもできるのです。**

「大切な誰かのために怒れるかどうか」は重要。
たとえ正当な理由がないとしても、仲間のために
怒るべきときには怒る態度が好感を生む

「ここだけはゆずれない」というラインをもつ

かの太宰治の名作『走れメロス』の冒頭を知っていますか。

「メロスは激怒した。必ず、かの邪智暴虐《じゃちぼうぎゃく》の王を除かなければならぬと決意した。メロスには政治がわからぬ。メロスは、村の牧人である。笛を吹き、羊と遊んで暮して来た。けれども邪悪に対しては、人一倍に敏感であった」

です。

この『走れメロス』は教科書にも載っているので、ご存じの人も多いと思います。

この物語のテーマは、「友情の大切さ」とか「信頼」とか「人の心の弱さや強さ」

などといわれています。ですが、私は「腹の底から怒ることの大切さ」だと思います。

メロスは、政治のことはわからないけれども、「邪悪に対して敏感」です。

難しいことはわからなくても、「弱いものを虐《しいた》げてはいけない」「むやみやたらと人を疑って罰してはいけない」といったシンプルだけど、人間として重要なことのために怒ることの大事さを、私は『走れメロス』から学びました。

「怒りを生かす人」は、人間として重要なことを侵害された場合に、きちんと「NO」と言うことができる人です。

例えば、もし、上司からひどいパワハラを受けている人、あるいはブラック企業で、安い給料で休みもなくひたすら働かされている人、配偶者や親など、身内からひどい言葉を投げつけられている人、そういう人は、心の底から「イヤだ」と怒る必要があるのではないでしょうか。

「怒りを生かす人」は、「どうせ言っても変わらない」とあきらめたり、「もめるのがイヤ」「私さえ我慢していれば」と周囲の顔色をうかがったりして、理不尽な環境に甘んじたりはしません。

インドの社会運動家マハトマ・ガンディーは次のように言っています。

「きっぱりと、心の底から発した『NO』という言葉は、相手に合わせて、ましてや面倒を避けるためについ言ってしまった『YES』に比べたら、はるかに価値のある言葉である」

根本的に「ここだけはゆずれない」というラインはもっているべきです。

そしてそのラインを破られたときに、本気で怒れるかどうか。腹の底から怒れるかどうか。

それは、人生においてとても重要なことではないでしょうか。

> 怒らなければいけないことはある。
> 「ゆずれないライン」を破った人に対して、
> 本気で、腹の底から怒れるかどうかは大切

「本当に欲しいもの」以外の欲望はもたない

私が食事したあるレストランで、デザートの後にクッキーまでできたときのことです。

そのときに、ふと気づいたんです。

すでにおなかがいっぱいなのに、デザートを食べ、さらにはクッキーを目の前にすると、別に欲しくもないのになんとなく食べてしまうな、と。

そして、「なんで私は欲しくもないのに食べるのかな？」と素朴な疑問をもったのです。

食べたくないなら断ればいいだけの話なのに、「断るのもなんだから」とか「もったいないから」というだけで、たいして欲しくもないデザートやクッキーを食べてしまうのです。

あげく「やっぱり食べなきゃよかった。胃がもたれる」「ダイエットしているのに」なんて自己嫌悪したりする自分がいるのです。

この経験から思いました。よく考えてみると、世の中には、たいして欲しくないのに「欲しい」と勘違いしているものがたくさんあるな、と。さらには、たちの悪いことに、**それが手に入らないことでイライラしていることも多いな、と。**

例えば、世の中には、

「今流行ってる服を着てみない？」

「オリンピックがくるからベイエリアに住んでみない？」

「ステータスだから高級車を買ってみない？」

「人生うまくいきそうだからいい学校に行かない？」

なんていう誘惑がいっぱい転がっています。

けれども、流行の服やベイエリアのマンション、高級車、いい学校、それらは、本当に心の底から欲しいものなのでしょうか。

もし、たいして欲しくないにもかかわらず、ただなんとなくそれが「成功の証《あかし》」に思えて、それを持てば「幸せになる」と思い込み、でも手に入っていないことでイライラしているのだとしたら、本末転倒ですよね。

別に「憧れのベイエリアのマンション」といわれているからって、住みたくないなら住まなくていい。

人生うまくいきそうだからって、行きたくもない学校に行かなくてもいい。

フェイスブックの創業者マーク・ザッカーバーグなんて、巨万の富を築いたのに、高級車やブランド服とは無縁なようです。「お金があっても、欲しくないものはいらない」というスタンスなのです。

本当は何が欲しいのか。

本当は何がしたいのか。

「怒りを生かす人」は、それが自分でわかっているものです。

自分の欲望を自分でちゃんとわかっているといえばいいでしょうか。

だからこそ、自分の欲望もマネジメントできるのです。
怒りは、「欲望が満たされないことから生じる面」もあります。
怒るならば、本当に欲しいものに限定する。
そうした生き方ができる人が「怒りを生かす人」だと思うのです。

本当に欲しいものは何なのか。
本当にやりたいことは何なのか。
それを考えるだけでも、イライラは減っていく

負の感情にとらわれすぎないで、損切りする勇気をもつ

「怒りに負ける人」といったときに最も象徴的な特徴として、どういう人を思い浮かべるでしょうか。

私は**「いつもイライラしていて、ムダに怒りっぽい人」**よりも、**「怒りにとらわれて前に進めない人」**をイメージします。

例えば、新卒で入った会社で、ひどい上司にあたり、完全なるパワハラを受けたとします。「お前は、本当にできそこないだ！」などと罵倒されたり、「クズ」「バカ」

と怒鳴られたり、機嫌が悪いときは、会議室で、2時間でも3時間でも叱責されたりします。

Aさんは、何十回目かの「お前なんかやめてしまえ！」の上司の言葉に、カッとなり、「やめてやる！」と言って辞めてしまいました。友人にも「許せない！」と烈火のごとく怒りを訴え、憂さを晴らしていましたが、ある日、スパッと転職先を決め、「そんなこともあったね」と笑いながら、次の会社で快適に働いています。

一方のBさん、何十回目かの「お前なんかやめてしまえ！」の上司の言葉に、「もう、ダメだ」となり、次の日に退職願いを出して辞めてしまいました。それ以降、人に会うことが怖くなり、うつ病になってしまいました。

少しよくなったところで、転職活動をしますが、「また変な上司にあたったらどうしよう」と思うとなかなか転職できません。やっと入った会社でも、ちょっと怒られると、また、あの上司を思い出して会社に行けなくなってしまいました。

10年以上がたち、Aさんは、今では最初の会社のことはなかったかのように次の会社で順調にキャリアを積み、結婚もして、人生を楽しんでいます。

一方のBさんは、転職を繰り返すうち、どんどん条件の悪い会社になり、休日に外出する気にもならず、出会いもなく独身のままです。そして何か悪いことが起きるたびに「あいつのせいで！」と最初の会社の上司に怒っています。

さて、どちらの人生が充実しているといえるでしょうか。

「怒り」といった負の感情にとらわれすぎると、人間の本来の目的である「幸せに生きる」を踏みはずして、人生を棒にふってしまうことがあります。

長い人生、運の悪いことに、このイヤな上司のような最低最悪な人に出会ってしまうこともあります。たちの悪い異性に出会ってしまって、手ひどい失恋をするなんてこともあるでしょう。

あるいは、犯罪に巻き込まれることだってあるかもしれません。

そんな時には心底誰かに怒り、憎むこともあるでしょう。人間だから当然です。

けれども、**その感情に長らくとらわれたままでいては、あなたの人生がもったいないのです。**

たとえ心底怒りたくなることがあっても、どこかで損切りしたほうがいい。

「あいつだけは許せない」と思ったとしても、他人も過去も変えられません。

また、復讐したいとか、見返してやりたい、などの気持ちも非建設的です。

どこかで、「運が悪かった」「失敗だった」「ひどい目にあった」とあきらめて、ふんぎりをつけて、前を向く。

その怒りは、私の人生を幸せにするか、を考える。

アンガーマネジメントを、「人生」というスパンで考え、怒りを損切りする勇気をもつことも重要なことです。

憎しみや不満をもち続けると、
幸せに生きるチャンスを逃してしまう。
どこかで怒りを損切りする勇気をもつ

「怒る」か「怒らない」か、答えを自分の中にもつ

これまでにも書きましたが、「怒る人のほうがうまくいく」のか、「怒らない人のほうがうまくいく」のか、正直言って、正解はわからないと思います。

ただ、終わりに向けて、これだけはいえるかな、という真理のようなものがたった一つあるとしたら——。

それは、**「怒るのがいいことなのか、悪いことなのかは、『あなたが、あなたの人生において何がしたいか』にかかっている」**ということです。

ある有名なお寿司屋さんに行ったときに感じたことです。

こうした世界の職人さんの中には、後輩や弟子たちを強く叱ったり、怒鳴りつけたり、厳しい人が多いものです。

それは、職人さんたちが、「おいしい寿司を食べさせねばならない」といったプロ意識であったり、「受け継いできた技術、自分が磨いた技術を、次世代にゆずり渡す」といった使命感をもっているからです。

自分の中に揺るぎない「やるべきこと」が脈々とあるからです。

その信念があるがゆえに、「怒る」し「厳しい」のだな、と感じました。

本書を読んだあなたが、「自分の会社を大きくしたい」「困っている人の生活を支援したい」「伝統をしっかりと受け継いでいきたい」という目的をもっているとします。

そういう人は、**目的を成し遂げるためには、時に「怒る」という選択が必要なこともあるでしょう。**

「怒り」という表現を使って、自分を通さなければいけない場面も必ずやあるといっていいでしょう。

私は、アンガーマネジメントのことを、本書の「はじめに」（P. 10）で、「怒りの感情と上手に付き合う心理トレーニング」と説明しました。一方で別の言い方で「怒りを適切に配分する技術」といっています。

「適切に配分する」場合の、「適切」は、一人ひとり違うのです。

どのくらいの分量を「怒る」に配分するかは、人それぞれです。

だから、「怒りを生かす人」になるためには、「怒る」ほうがいいのか、「怒らない」のがいいのか、それはあなたしだい。

答えはあなた自身がもっている、といえるのです。

あなたが、あなたの人生で何がしたいか、
それしだいで「怒りの配分」は変わる。
答えは、あなた自身がもっている

おわりに

中学3年生のころのことです。当時、父親から勉強のことなどでひどく怒られていました。

私としては、そんなに成績も悪くないはずだと思っていたので、父親に対して相当に強い反発をしていました。そうなると、父親もさらに強く怒るという、まさに怒りの悪循環のまっただ中にありました。

その時に思っていたことは、「こんな家にいてもしかたがない」「こんな親じゃなければいいのに」「あー、他の家に生まれたかった」などなど。

結局、高校受験に失敗するのですが、正直悔しいとは思いませんでした。むしろ、「親の期待を裏切れた」というなんともいえない満足感を感じたのを覚えています。

むろん失敗して前に進めなくなるのは自分自身でしかないのですが……。

会社に勤めるようになってからも、上司に叱責されては「こんな理解のない上司の下ではやってられない」、他の部署との折り合いがつかなければ「こんなヤツらのために実力を出すなんてもったいない」と怒っていたのです。

いつでも自分の環境に不満をもち、それに対して文句を言う毎日でした。

自分がうまくいかないことを他人、環境のせいにして、その場でじっと怒りを抱えながら生きていたのです。

私は、典型的な「怒りに負ける人」でした。

それが32歳のとき、アンガーマネジメントを学び、実践することで変われたのです。

だからアンガーマネジメントには、心の底から感謝しています。

もちろん、今でも頭にくること、イラッとすることはいくらでもあります。

例えば、取材などでとんちんかんな質問をされれば、もう少し下調べしてから取材にくればいいのにとイラッとすることもあります。

でも、だからといって相手にイヤな態度をとることはありません。

この会社と組みたいと思い、良い企画ができたと提案をしても断られれば悔しいと思います。

でも、今は「相手にこちらと組みたいと思ってもらえる価値を必ずつくる！」と怒りを生かすことを考えられます。

怒りに負けていたころと今とでは、同じ怒りを感じたとしても、その後の行動を変えられるようになっているのです。

そして、人生は劇的によくなったと自信をもっていえます。

だから、この本が、「怒りを生かす人」でありたいあなたのヒントになることを心から祈っています。

２０１６年３月

安藤俊介

文庫版によせて

本書の元になった『怒りに負ける人　怒りを生かす人』を執筆してから3年以上の時がたちました。この間、社会におけるアンガーマネジメントの状況も大きく変わってきています。世間でのアンガーマネジメントの認知度が高まっただけではなく、様々な分野で重要課題として取り上げられるようになりました。

例えば、筆者は厚生労働省が平成29年度に発足させた「職場のパワーハラスメント防止対策についての検討会」に委員として選ばれました。委員は労使の代表、専門家の代表で構成されましたが、筆者が選ばれたということは、アンガーマネジメントがパワハラ防止に有効である、と国として考えていることのメッセージともいえます。

実際、厚生労働省の委託事業として公開されているハラスメント対策の総合サイト「あかるい職場応援団」が発表している「職場のパワーハラスメント対策取組好事例集」では、50事例中、6社においてアンガーマネジメントをパワハラ防止のためにとり入れていることが紹介されています。

この影響もあり、今、パワーハラスメント防止のためにアンガーマネジメントを導入しようとする企業が非常に増えています。

平成31年には中学1、2、3年生の道徳の教科書にアンガーマネジメントが採用され、筆者が代表理事を務める一般社団法人日本アンガーマネジメント協会が、教科書掲載内容について監修をしました。

このように公的な機関でのアンガーマネジメントの導入が進んでいます。行政というのはどちらかといえば保守的なところですので、民間に導入されるよりも遅くなるのが通例だと思います。ところが、アンガーマネジメントについていえば、民間と同様のスピードで進んでいると感じます。これは非常に驚きに値することです。

それくらい、公的な機関でも「怒り」という感情と上手に付き合うことに高い関心があり、アンガーマネジメントという言葉が浸透してきているといえます。

様々な報道でも、アンガーマネジメントを目にする機会が増えてきました。ほとんどの事件の裏には怒りという感情が隠れているので、自然なことといえば自然なことなのですが、それにしても、怒りにまつわる事件をよく目にするようになっているのではないでしょうか。

この数年で最も注目を浴びているのが、あおり運転に関する事件です。平成29年6月の東名高速道路での事件をきっかけに注目が集まり、令和元年8月の常磐自動車道での事件を受けて、社会的関心が飛躍的に高まりました。11月には、警察庁はあおり運転について厳しい罰則を設ける方針で、来年の通常国会への法案提出を目指していること。さらに、酒酔い運転などと同様に、免許取り消しの対象にする方針を固めたと報道がありました。

あおり運転、危険運転などを総称してアメリカではロードレイジと呼ばれています。ロードは道路、レイジは激怒という意味です。

アメリカではロードレイジは1970年代から社会問題化されています。また、車の運転と怒りの感情の間には深い関係があるという考えから、ロードレイジをした者に裁判所がアンガーマネジメントの受講命令を出すことがよくあります。

日本でもすぐに同様の動きになるとは思いませんが、あおり運転について厳罰化も一つの選択肢であると同時に、あおり運転をしない、させないための教育も非常に重要な選択肢の一つです。

メディアで怒りに関するニュースを見ない日はありません。これほどまでに日本は怒りにまみれた社会になっているのかと疑問です。

私は常々、怒りは暇な人と、貧しい人の手っ取り早いエンターテイメントといっています。誰も皆、怒りたくないと言いながら、わざわざ見ればイラッとするようなニュースに関心をもちます。

ニュースを見て怒っていれば、お金も時間もかけずに、簡単に怒る対象に対してあでもないこうでもないと言いながら溜飲《りゅういん》を下げることができるからです。

そして怒ったことはすぐに忘れて、また次の簡単に怒れるニュースに飛びつき、怒りを消費し続けているのです。それがわかっているから、メディア側は人が怒りそうな話題を集めて見せています。

本書のテーマは、大きなエネルギーである怒りという感情をどうすれば建設的な方向に生かすことができるかです。

怒りの感情をただ消費するだけでは、それこそ怒りに負ける人生を送ることになります。本来は誰もそんなことを望んではいないはずなのに、怒りの消費が簡単だからという理由でそちらの道を選んでしまっています。

怒りを生かすのも、怒りに負けるのも結局は自分次第です。逆にいえば、自分がどちらの選択もいつでもできるということです。

アンガーマネジメントを生活の中にとり入れ、怒りを生かし、自分の人生をよりよくすることに集中できるようになっていきましょう。本書がそのヒントの一助になれば幸いです。

２０１９年11月

安藤俊介

「怒《いか》り」を生《い》かす
実践《じっせん》アンガーマネジメント
朝日文庫

2020年1月30日　第1刷発行

著　者　安藤《あんどう》俊介《しゅんすけ》

発行者　三宮博信
発行所　朝日新聞出版
〒104-8011　東京都中央区築地5-3-2
電話　03-5541-8832（編集）
03-5540-7793（販売）
印刷製本　大日本印刷株式会社

ISBN978-4-02-262001-9

朝日文庫

中田 亨
ヒューマンエラーを防ぐ知恵
人間が関わる全ての作業において、人的ミスが原因の事故は起こりうる。その仕組みを分析し、対策を分かりやすく紹介！

水野 学
アイデアの接着剤
ヒットとは、意外なもの同士を〝くっつける〟ことから生まれる！「くまモン」アートディレクターの仕事術を完全公開。《解説・長嶋 有》

小池 幸子
帝国ホテル流 おもてなしの心
客室係50年
年間に接遇する客数は一五〇〇人。その笑顔に誰もが癒される敏腕客室係が、日本人ならではのおもてなしの心と技を説く。《解説・村松友視》

岩井 俊憲
働く人のためのアドラー心理学
「もう疲れたよ…」にきく8つの習慣
「上司と合わない」「職場の人間関係がつらい」「会社に行きたくない」などの悩みを抱えた働く人にこそ読んでほしい、アドラー心理学の入門書。

阪口 ユウキ
どんなに弱くても人は自由に働ける
うつ病で寝たきりだった若者が人との出会いから働く意味を知り、本当の自由を勝ち取るまでを描いた、ネットで三二〇万人が読んだ感動の実話。

山田 清機
不器用な人生
時代の流れにあえて乗らず、自分の節を守って生きる男たちのノンフィクション。そのように生きる、そのようにしか生きられない六人の男を描く。